寻根溯源学汉字 轻松易懂又有趣

一字一世界

⑧

J–K

颜煦之 著

认识汉字·理解汉字·掌握汉字·运用汉字

湖南教育出版社

图书在版编目（CIP）数据

一字一世界．8，J-K / 颜煦之著．-- 长沙：湖南教育出版社，2019.4

ISBN 978-7-5539-6416-4

Ⅰ．①一… Ⅱ．①颜… Ⅲ．①汉字—通俗读物 Ⅳ．①H12-49

中国版本图书馆 CIP 数据核字（2018）第 232502 号

责任编辑：李　好
丛书策划：申晓华
版式设计：申曜年
审读统筹：申晓华
责任校对：张命乔

一字一世界　8，J-K

YI ZI YI SHIJIE　8，J-K

出版发行：湖南教育出版社

（地址：湖南省长沙市韶山北路 443 号　邮编：410007）

经　　销：全国新华书店

印　　刷：北京盛通印刷股份有限公司

（地址：北京市经济技术开发区经海三路 18 号）

版　　次：2019 年 4 月第 1 版

印　　次：2019 年 4 月第 1 次印刷

开　　本：787 mm×1092 mm　1/16

印　　张：13

字　　数：160 千

定　　价：39.80 元

书　　号：ISBN 978-7-5539-6416-4

序

曹文轩

为他人写序无数，还从来没有一次像写这个序那样踌躇，那样焦虑，那样迟迟不能下笔，一再延宕。本是一件“轻而易举”的事，却总是不能完成，几乎日日纠结在心。自己都觉得奇怪。今天，终于坐到了桌前。因为，实在不能再拖延了——那边在急切地等着发稿呢。

造成如此状况，大概是因为我和煦之先生的友情实在太深、太浓、太厚了——总想写一个对得起朋友的序，正是这番对友情的特别在意，使得自己反而一拖再拖难以落笔了。

其实，这个序写得好或坏是无所谓的，甚至可以没有这个序，因为，他做的事，白纸黑字都明明白白地摆在眼前，其价值和意义是不用人再絮叨的。写个序，只是戴个“帽子”，不至于看上去太“秃”罢了，将区区一个小序看得那样“严重”，实在没有必要。

两年前在南京与煦之先生相会，他送了我一套他著的趣谈汉字的书，厚厚四册，我当时十分吃惊。回到酒店，埋在沙发中翻看，见他做的竟然还是含了学术——甚至是很学术的事情，更是吃惊。后来，我遇见谁都会提起这套书，一说书的妙、书的趣；二说煦之先生做事总不按常规，动不动就干出出人意料的事情来。不久，与好友方国荣先生谈出版之事，听他兴致勃勃地说要做一套关于汉字与人生方向的书，便立即将煦之先生的著作介绍给他。他也吃惊不小，很快就和煦之先生联系上了，没想到煦之先生竟神奇地又成就了一套方国荣先生心中所希求的新书。

此套书共十一册，还是关于汉字的。

细想想煦之先生做成此事，其实也无令人吃惊之处。他这个人，既是性情中人，又是一个执专心的人。一旦决定做一件事了，天底下也就只有这样一件事了。雷打不动，五头大牛未必能将他拽回。若是在夏季做事，你都能想见他干活时的样子：将门关住，短裤背心，甚至赤膊上阵，宽阔的脑门子上汗津津的，短而厚的手捉住笔就不肯放下，困顿时冲冲凉水澡，拍拍胸脯，拍拍脑门，提提神，接着再干。你以为他做的事，总出乎情理，而事实上，他做事就像他的体型一般稳重，方而正。这也是他的品格。

这一回，他的事做得有点大。

汉字文化，是个大题目，是一个意义非凡的大题目。九年义务教育新课程标准已经出台，与此前课标相比，其中一条被特别强调：要使学生懂得，汉字不只是一种纯粹的书写符号，也蕴含深厚的文化。煦之先生的研究事先当然与新课标毫无关系，只是他的思考与新课标的新维度暗合了。这也许是真知灼见者的不谋而合——所谓“英雄所见略同”。这套书，无意中可成为日后学生和语文老师学习、讲解语文的难得的参考书籍。

汉字是中国人极端聪明、非凡才智的结晶。有人在拿它与种种拼音文字进行比较时，故作深刻地说拼音文字是高度抽象能力的结果，那意思是说人家的东西要比我们的技高一筹。此等说法，不免肤浅。他们将象形文字的汉字，看成了依样画葫芦式的幼稚了，殊不知它的抽象能力其实是无与伦比的。这一个个神秘的方块字，无所不能，说事说理，皆妙不可言。我们可用它最完美地叙述这个世界，也可用它阐述这个世界上最精辟的原理和哲思。它的高度活性，字与字之间的微妙差异以及组词之后的无限能力，是任何一个熟练掌握它的人都会感到惊讶的。它是“魔方”。具象与抽象的完美统一，已抵达天造地设般的境界，使人觉得它本是造物主所使用的文字，是天然的。

更妙的是，一个个字，并不只是说事说理的符号，它们自身就是有意味的，甚至是有无穷意味的，一个个都是可以加以解读和欣赏的。从它们诞生的那一刻开始，它们就负载了若干意味。它们在不断变形的过程中，还暗含了历史的变迁。到了今天，每一个字，都有它的历史。“一字一世界”，还不抽象吗？抽象程度还要多高？可它确实又是形象的，因此，它与别种文字相比，又有了一个特殊的功能：审美。

它直接产生了一门艺术：书法。

从古至今，那些书法大家，用他们各具特色的书写，为我们提供了一个丰富的艺术世界。这个世界陶冶了中国人的性情，提升了中国人的生命境界。

煦之先生对汉字的认识价值和审美价值的理解与分析，就在这十一册书中。

写到此处，我忽然想起两件事来。一件是，好几年前，有个思维独特的年轻人四处奔走，并到处分发传单，说他经过长时间的研究发现，以英语为代表的拼音文字，其实也是一种象形文字。可是没有一个专家理会他。现在，这个年轻人不知到哪里去了，不知是否还在坚持他的“异端邪说”、继续他的“荒唐”研究。另一件是，一个大规模的制作和推广英语电子词典的公司的老板，向我展示了他的研究成果。他的研究成果与那个年轻人的结论一致，只是更加学理化：英语，也是一种象形文字。他当场向我解读了一个个英语单词，告诉我它们都是“象形的”。这个老板是学英语出身的，我当然不敢苟同他们的看法。但这两件事，倒使我看到了一个认识上的变化：作为象形文字的汉字，倒成了人家比附的文字了。

进入汉字魔方吧，其乐无穷。

2014年11月1日于北京大学蓝旗营小区

曹文轩，当代著名作家，精擅儿童文学，任北京作家协会副主席，北京大学教授，现当代文学博士生导师，儿童文学委员会委员，中国作家协会鲁迅文学院客座教授，是中国少年写作的积极倡导者、推动者。主要文学作品有《山羊不吃天堂草》《草房子》《天瓢》《红瓦》《根鸟》《细米》《青铜葵花》《大王书》等。

自序

当你拿起这本书，翻到这一面，我们就算有了一面之交。我很想拉着你的手，跟你聊两句。不多，就这么几句。

我这人一生与书有缘：读书、教书、编书、写书、出书、卖书、藏书……虽然如此，而今我却还是常读错字、写错字、用错字，还有很多不认识的字。究其原因，跟自己菲才寡学、天资愚钝有关。另外，恐怕跟汉字既多又难认难记有关。

汉字大约有十万个，常用的虽然只有三千来个，但要记住却非易事。据说，外国人把最难办的事说成“这比学汉字还难”。正因为此，近几十年来，国家成立专门机构，搞汉语拼音和汉字简化。

如今，全球有数千万“老外”学汉语，加上母语为中文的华人，使用汉字的多达十四亿人。怎样让这么多人轻松愉快地学汉字，是件十分有意义的事。我愿为此稍尽绵薄，所以编写了这本书。

汉字，是世界文化的明珠，是中华民族的骄傲。汉字，是先民们历经数千年，把对自然和社会的认识，巧妙地移植到一笔一画上而形成的。汉字，源远流长，魅力无穷，超群绝伦，华夏儿女应该发扬继承。

汉字，不仅仅是符号。对汉字，光凭眼睛看是不够的，形、音、义三位一体，那得细细品味，慢慢咀嚼，才能品出味儿来。有些字，是一幅生动的图画；有些字，是一个有趣的故事；有些字是一段复杂的历史；有些字，说的是生活常理；有些字，谈的是科学道理；有些字，讲的是深刻的哲理。每一个字，都值得我们欣赏、品味和探讨。若三五同好，聚在一起，谈古说今，咬文嚼字，得其三昧，那真是其乐无穷。

前人和当今有识之士，对汉字做了大量深入的研究，著述浩如烟海，硕果累累。作为门外汉，我不揣冒昧，也挤将进来，凑个热闹。

我将两千多个常用字，以科学分析和有趣故事相结合的方式，编写成这套书。我所讲解的每一个字，分为前后两部分。前半部分，我将这个字的形成、演变过程以及字形、字义、读音作简要介绍。凡此，仁者、智者，各有见解。我博采众长，或综合为一，或分别罗列，任君选择。后半部分，我以小故事等形式，更形象、更生动地来解释这个字的形、音、义。我不仅讲这个字的用法，而且讲这个字的结构特征，讲这个字笔画的用意，讲这个字和相似字之间的区别。我还特别注意解释字的读音，以便区别这个字与其它谐音字之间的区别与联系。我讲了两千多个汉字故事，与这些故事相关联的汉字有六千多个，几乎包括了所有的常用字。这便是字中有字，这才是真正的汉字故事。

顺便说一句，这里的故事，有些是我的创作；有些是据资料编写；有些是来自民间的汉字俗解。其中有些内容，“俗文学”也罢，荒诞也罢，读者朋友切莫当真。你尽可把先贤们的论著当作学术理论，把我这儿写的，权且当作插科打诨。因为我的目的很简单，我只是想通过这些小故事、小笑话，以及诗词、对联、谜语、民歌、童谣、字谜、谐音、测字、解字、解梦，避讳这些形式，加上奇闻轶事、文坛掌故……以此搭座桥、凑个趣，使朋友们认识这些字，辨别这些字，掌握这些字，记住这些字。

我愿把这套书，献给对汉字情有独钟的朋友。让大家在茶余饭后，有个谈笑的话题。这种话题，雅俗共赏。

我愿把这套书，献给学汉字的外国朋友。让他们更多地了解汉字的丰富多彩。愿他们在轻松愉悦中掌握汉字。

我愿把这套书，献给青少年朋友们。让他们在课外阅读时，带着笑脸，品味每一个字的结构和内涵。

我愿把这套书，献给我的教师同行们，为他们在备课时提供点资料，使他们在讲课时增加点情趣，让他们在课堂上引发出阵阵欢笑声，使孩子们在寓教于乐中理解汉字的博大精深。

当你手捧这一套沉甸甸的《一字一世界》时，我要深情地向你介绍为这套书的出版作出不懈努力的至爱亲朋。首先要说的是我的出版人申晓华先生。他不辞辛劳，担当风险，近十年来不离不弃，专注于此书的出版发行。好友曹文轩先生，热情为这套书作序，为这套书增光添彩。资深编审王林军先生，是这套书第一版的责任编辑，他为这套书奠定了基础。著名画家，装帧设计家朱成梁先生，为这套书的第一版，设计了精美的封面和版式。著名漫画家何天卫先生和叶霆先生，为这套书提供了大量生动活泼的插图和图案。著名儿童文学家方国荣先生，为这套书的第二版出版，作出了不懈的努力。这套书由第一版的七百余汉字故事，增补为两千余故事，经历了十多年的艰辛创作，其间幸有编审谢芳女士，著名汉字研究专家唐汉先生，古典文学博士陈光先生，著名青年书法家陈义望先生……他们参与了这套书的审读、修订和把关，指出了书中的不足和差错，保证了这套书的出版质量。因为这套书讲的是汉字知识，出版社是以辞书的标准来保证这套书的质量的。

图书出版，是很难完美无缺的，总会留下一些缺憾。这套《一字一世界》也概莫能外。我壮志不已，耕耘不辍，仍在收集汉字故事，愿继续努力，将三千多常用汉字，都配上生动有趣的故事，编成一本既可当字典，又可当故事的“阅读字典”，以供读者朋友们赏阅。

说到读者朋友，我激动不已，感慨万千。自该书出版十多年来，因书中有我留下的手机号码，我先后收到一百余位读者来电。有的指出差错，有的提出建议，有的给予鼓励，有的提供故事，有的只讲了几句：感谢你，继续努力……

我决不辜负读者朋友的厚爱，再接再厉，使这套书日臻完善。如你购得此书，那我们也就心灵沟通，成为志同道合的文友。君不闻，前世修得八百次回眸，今生方得一次擦肩而过。你我有缘，你才翻阅此书。以书会友，是我三生有幸。

如蒙赐教，请记住我的手机号码：13705181009。我当洗耳恭听。

感谢你阅读此文！

感谢你阅读这套书！

二零一九年三月

于南京长江大桥堍

目录

J

一字一世界

J

jīn

巾

甲骨文

金 文

小 篆

隶 书

楷 书

用以擦抹的手巾

甲骨文、金文、小篆的“巾”字都是象形字，字形就像一条两头下垂的织物，指叠得很整齐的长布条。本义指“用来擦拭、包裹和覆盖东西的纺织品”，这就如同我们现在日常所使用的洗脸、洗澡用的长方形的毛巾。将毛巾一折为二，挂在洗脸架上，这就是“巾”字。

也有人认为，“巾”字是象形字，像古人系在腰带上用来擦抹的手巾，本义指手巾。按这种说法，这“巾”字指的是“手帕”、手巾这一本义，已被后来出现的“帕”字所取代了。“巾”字所指的应该是较大的用来洗脸洗澡的毛巾，或用来包裹衣物或覆盖物品的纺织品。

应该说，“巾”字是最早的布、帛。远古的先民们，为御寒遮羞，把树叶用野藤穿起来，一条一条地缠在腰上。或者把野兽的皮毛切割成条状，裹在腰上或包在头上，这就是最早的衣裳和帽子。后来有了纺织业，制作出麻布和丝帛，这才有了真正的衣服帽子和毛巾之类的用品。所以现在的“布、帛、帏、幄”等这些字都以“巾”字为偏旁。

“巾”字的本义指“佩巾”，引申指“用以覆盖或包扎物品的织物”，如：毛巾、手巾、头巾、围巾、浴巾、枕巾、毛巾被、红领巾、餐巾纸等。

“巾”和“帼”（guó）是古代妇女戴的头巾和发饰，所以用“巾帼”来借指妇女，如巾帼英雄，有男子气概的女子称“巾帼丈夫”，或誉“巾帼不让须眉”。

一眼看中就是不中——巾

明朝末年，河南开封有位读书人名叫吴其中。此人家境殷实，父母供他读书多年，他参加了两次童试，却没考中秀才。他头戴方巾，但仍是个童生。

过两天又要参加童试了，他认真迎考，岂料用来包书的布套不见了。这布套称“帙”（zhì），用布帛制成，包在书外面，书一套为一帙。吴其中为此感到心中不踏实，就去找测字先生周亮工占测一下，看这次能否考中秀才。

吴其中来到测字摊前，一边脱下头上的方巾揩额头汗水，一边叽叽呱呱地说：“测字！测字！”他指指白布上写的“巾”字说：“测测这个‘中’字，看我这次能否考中！”周亮工笑道：“小官人，看清了，这是你手中‘方巾’的‘巾’字，不是‘中’字。”

吴其中嚷嚷着：“我一眼看中这个字，那就测‘巾’字吧。我只要问这次童试我能不能考中。”周亮工说：“你一眼看中，正巧是个‘巾’字。‘巾’字加‘一’，就是‘中’嘛。”

吴其中拍手叫道：“那就是说今次我必中了？”“未必！”周亮工说，“‘巾’字缺一不成‘中’！”

吴其中嚷道：“我不是说了一眼看‘中’吗？”

周亮工指指吴其中手中的方巾，又指指他挟着的零乱的书籍说：“你一眼看中，只是一晃而过，霎（shà）时便逝。而你手中方巾，被你揉成一团，不成方巾，何来‘巾’字？再说你挟着书籍，零乱不堪，可见‘帙’已丢失。‘帙’者，包书布套，正巧‘巾’与‘失’相合，你既已失‘帙’，‘帙’又‘失巾’，你两次‘失巾’，‘巾’与‘中’一步之遥，恐与你两次参加均未考中有关。”

吴其中一听，傻了眼，问：“这次能否考中？”

周亮工说：“你将护书的帙丢失，你将读书人的方巾当汗巾，故‘巾’离你而去，别说你一眼看中，即便你盯着看，已无巾可看，怎能看‘中’呢。再说，小官人大名吴其中，‘吴’‘无’音同，恐怕其中无你啊。”几句话，说得吴其中忘了付银子，灰溜溜地走了。

jīn

斤

甲骨文

金文

小篆

隶书

楷书

砍木头的斧子——斤

甲骨文的“斤”字是个象形字，字形像一把砍木头的斧头，其实就是现在仍在用的锛（bēn）子。锛子是削平木料的工具，柄与刀具呈丁字形，刃具扁而宽，使用时向下向里用力。

金文的“斤”字，右边上面一横像锛身，下面一竖像锛的柄把手，左边一弯曲线像被劈的柴。

小篆的字形由金文演变而来。隶变后的楷书写作“斤”。

“斤”字的本义指“古代砍伐木柴的工具”。后来假借指“重量单位市斤的通称”，如公斤、市斤。旧制一斤十六两，故有“半斤八两”之说。市制一斤改为十两，500克。“斤两”指分量，多用于比喻，如他的话很有斤两，还有斤斤计较、短斤缺两等词。

“斤”字是部首字，作偏旁用时，凡从“斤”取义的字都与“斧”字等义有关，如斧、折、斩、所、断、撕等。“斤”字也可单用。

“斤”字也作姓氏用。

车旁掛肉——斤

在测字故事和解梦故事中，测字者和解者为了说服求测者，往往会东拼西凑，牵强附会，想出各种理由来证明自己的推测和论述，有些简直是荒唐可笑、强词夺理。但在那个时代，科学尚不发达，封建迷信盛行，人们相信天地鬼神，把荒唐事也当作正经事。时至今日，不是还有不少有头有脸有文化的名人，把一些江湖骗子当作能呼风唤雨的大师顶礼膜拜么？

据《晋书•易雄传》记载，东晋元帝年间，湖北枣阳县有位县令名叫易雄。此时晋武帝的女婿王敦手握兵权，他想在动乱之时，起兵反晋自立为王。

王敦首先率军攻打枣阳，易雄带领全城官兵，死守城池，奋勇抵抗，终因势单力薄，外无援兵，内无粮草，不久城池被攻陷，易雄被王敦所俘获，关进死牢。

这天夜里，易雄躺在狱中草席上，辗转反侧，一夜未眠。待到天快亮时，迷迷糊糊地睡了一刻儿。就在这睡着的一刻儿，他做了个奇怪的梦。他梦见自己坐着马车，一路颠簸，在大道上慢慢向前。他发觉，车夫手上挂着一块肉，有筋有骨，还滴着血……忽然车子猛的一个“咯噔”，他被颠醒了。

易雄醒后，觉得这梦不是好兆头。正巧，师爷装扮成家丁到狱中看望他。这师爷是位老秀才，跟随易雄多年，鞍前马后，尽心尽力，两人交情不浅。这老秀才颇有才学，特别精通测字解梦。易雄将梦中情景说与他听。请他占卜一下凶吉。师爷听罢，掩泪哭道：“老爷，此梦凶险啊。车旁挂肉，肉中有骨亦有筋。筋者，与‘斤两’之‘斤’同音，‘车’旁有‘斤’，正是个‘斩’字，大人恐在劫难逃啊……”

易雄默默无语。过了好一会，他才向师爷交代后事，请他照顾家中老母妻儿，并好生为自己收尸安葬，来世再报答他的知遇之恩……

jīn

今

甲骨文

金文

小篆

今
隶书

今
楷书

张口伸舌饮酒状——今

“今”字的笔画不多，只有四笔，但它的字形字义却有很多种解释。

有人认为，甲骨文的“今”字是个象形字，字形像口朝下伸长舌头的“口”形。也有的“今”字像一个人张口伸舌就着酒坛子饮酒的形状，后来的字形省去了人和酒坛子，将“口”和“舌”也简化了，就成了甲骨文“今”。金文继承甲骨文字形，但将“舌”下垂，更像饮酒状。小篆将其整齐化，隶变后楷书写作“今”。

“今”的本义为“饮”，表示当时正在饮酒。由“饮酒”引申为“现在”，也就有“现今”的意思。

也有人认为，“今”字是个会意字。甲骨文的“今”字，像一只有舌头的铃铛的样子。金文的字形由甲骨文演变而来，许多笔画含有“集合”“及时”的意思，而“及时集合众人”就有当时的意思。“今”的本义被认为就是指现在、现代、当前，跟“古”相对。

还有人认为，甲骨文的“今”字的字形像口中含物，“今”字是“含”的本字，是最原始的“含”字。

也有人说，金文“今”字中的许多符号，表示时间的连续、联系，其本义指“现在”。

以上说法，尽管不尽相同，但“今”字的本义还是统一在“现在、现代、当前”这些意义上。如当今、今后、今生、今世、今朝、今昔、今天、今晨、今宵、今非昔比、博古通今、厚古薄今。

“今”字作指示代词用，如今次、今番。

“今”字也作姓氏用。

安心念书不用担心——今

南京夫子庙的测字高手胡铁嘴，是个风趣幽默的老头。求他测字的，大多是熟人。旧时代，人们都相信求仙拜佛，测字打卦，大小事儿，都要请测字先生预测凶吉，以求平安，其实，就是想找个心理医生给点安慰而已。

这天，胡铁嘴刚安顿好测字摊的桌椅，只见下江考棚的书呆子令六郎惊慌失措地跑来，开口就说："胡大爷，不得了，我老婆在家生孩子，疼得嗷嗷叫，哭得呜呜响……"

胡铁嘴喝住他："坐下，慢慢说。究竟是嗷嗷叫，还是呜呜响？"令六郎搔搔头皮，文绉绉地说："呻吟不断。"

胡铁嘴说："生孩子哪有不疼的？哭几声有什么大惊小怪的？哼哼几声也是常理啊。"令六郎缓口气说："今日生孩子，你帮我测个'今'字吧，看是生男生女？母子可得平安？"

胡铁嘴写了个"今"字问："要不要加一点，测你的祖姓'令'字？"令六郎连连摇手说："今日事，就测'今'字。"

胡铁嘴想了想，说："好哇，你妻子现在口不绝吟，正是个'今'字呀。再说，今日是七月二十日，你是熟读诗书的人，想必知道，'二十'的大写读'念'，称为'廿日'。今年夏天火旺，今日生孩子，母子平安，你放心。"令六郎不解地问："'念'字与此有何相干？"

胡铁嘴说："'念'字上为'今'，下为'心'，除了指'廿日'，还有叫你今日安心念书，不必挂念，尽管放心的意思。"

令六郎追问道："你口口声声说母子平安，何以见得就生儿子，不生女儿呢？"

胡铁嘴指着"今"字说："我是以字言字。'今'字可拆为'一'，就是当中一点，还有'人''丁'二字。'一人丁'三字，不就是个男孩么？再往下说，'今'字是'人'下一点再弯钩，指人心起了一个念头，此谓一闪念。一闪念，指时间过得快，一眨眼，你妻子说不定已把孩子生下来了……"

话没说完，令六郎已大喜而去。

jīn
金

甲骨文

金 文

小 篆

隶 书

楷 书

埋藏地下的矿物——金

金文的“金”字是由甲骨文演变而来的，小篆的“金”字与金文相似。

对金文和小篆的“金”字的字形，人们有不同的理解。最令人信服的，是把“金”字看作是个会意字，它上面的“亼”字形，表示覆盖；下面是个“土”字，表示是在地底下；“土”字上的两点，表示埋藏在地下的矿物，其本义指“金属”。

也有人认为，金文的“金”字是个会意字，它的上部是个箭头，下部是个“土”箭头和“土”之间的两点是矿砂，合起来指“箭头”是由土中埋的矿砂炼造而成的。因为箭头是金属，所以这一说法也是指金字的本义是“金属”。

当时古人已掌握了从开采矿石到冶炼金属的一系列知识，所以才造出了“金”字。“金”字的本义是指“一切金属”。

我们通常说的金属，指金、银、铜、铁、锡，这就是五金、合金。金、银、铜等制成货币当钱用，称为现金、金钱。

有种黄颜色的金属，质软，化学性质稳定，属贵重金属，不仅用来制造货币，还制作装饰品，通称为金子或黄金。

因为金子宝贵，所以用来比喻尊贵、贵重，如金口玉言、一字千金。

金子的颜色黄灿灿的，所以称为“金光”。

“金”，也是个姓。

最后一“金”不见了

1948年初秋，国民党政府颁布“经济管制案”，同时派一位要人为上海经济副督导员，专门在沪负责收兑老百姓手里的黄金和白银。

上海市民对这项举措非常反感，一时间，怨声载道，所以三个月不到，“经济管制案”只得草草收场。

在那个副督导员狼狈离开上海的前夜，一知名人士及其夫人为他饯行。酒过三巡，女主人说：“我出个字谜让大家猜猜，顺便活跃活跃气氛。”说着，她饮了一小口酒，然后一字一句道：“镯头有，戒指无；钻石有，翡翠无；链条有，项圈无；钟则有两个，表则无一个。”

心情不佳的副督导略一沉思，随即便大笑起来：“夫人的这个谜也太简单了，这分明是个‘金’字嘛。”

女主人点头称是，举杯与他一饮而尽。

待酒满上后，副督导又说：“夫人，你这个字谜其中一句说得不对，钟字只有一个金，你却说有两个，还有一金跑哪儿去了呢？”

女主人微笑着回答：“本来倒还是有一根金条，我打算把它留做棺材本的，可‘经济管制’一出台，我最后的那一‘金’就跑到你口袋里啦！”

jīn

津

甲骨文

金 文

小 篆

津

隶 书

津

楷 书

过河的渡口——津

“津”字是个左右结构的形声字兼会意字，左边的“三点水”作形符，表示跟水或河流有关；右边的“聿”字是“盡”字简省的写法，这个字读“jìn”，现在简写为“尽”，作声符并会意；“水”字与“尽”字组合，指过河的渡口。因是指渡河的渡口，这与水和河流有关，所以古人用“水”字作“津”字的形符。

古人为什么用“尽”字作“津”字的声符呢？

甲骨文的“尽”字是个象形字，下面是盛食物的器皿；上面像人手持炊帚抹布之类，在清洗器皿，表示器皿中的饭菜已经吃光了。隶变后的楷书写作“盡”。如今简化为“尽”。

“尽”字的本义指“用完、用尽”，有“全部、都、达到极点”等意思。而过河的渡口是船到了目的地要靠岸的地方，是航程的尽头，所以古人用“尽”字作“津”字的声符并会意。

楷书的字形由小篆演变而来，写作“津”。

“津”字的本义指“渡口”，如渡口又称“津渡”。渡口和桥梁又称“津梁”，多用来比喻起引导、过渡作用的事物或方法；水陆的要冲之地，或重要的职位称“津要”；探寻渡口，比喻探寻或尝试称“问津”；扼守要津，窃取要津，都是指渡口是重要之地。

“津”字由本义引申指“唾液和汗”，如中医对人体内一切正常水液的总称为“津液”，如汗津津、甜津津、咸津津、津津乐道、津津有味。“津”字由上义引申指“润泽”，如“津润”；还引申指“补贴”或“给补贴”，如津贴、副食品津贴、粮食津贴等。

“津”和“问津”

关于“问津”这一词的出典，有段令人深思的故事。

孔子是儒家学说的创始人，提倡实施仁政，主张礼乐与教化。为了推行他治理天下的主张，他广收门徒，到处讲学，他是中国最早的伟大教育家。据说他有弟子三千，贤人七十二，依据他的言论整理出著作，为后世留下了丰富的思想和文化遗产。

孔子带着几位弟子，周游列国，宣扬儒家学说。这天，师徒数人来到一条大河边，只见河水奔流，远近却见不到一个渡口。孔子坐在车上，吩咐子路道：“你下车向前去问津。”“问津”，就是询问大河的渡口在哪儿。

子路是孔子的得意门生。他一听孔子吩咐，便连忙下车四下张望，见前面河堤下有两个农夫在田里劳作，赶忙跑去，施礼道：“请问二位，这条河的渡口在何处？”

其中一人没回答，反而指着坐在马车上的孔子问：“那是何人？”子路答道：“那是吾师孔丘。”这人说道：“啊，那就是鲁国孔丘呀！”说着，皱起眉头，讥讽道：“他是大学问家，怎不知渡口在何处呢？”说罢，低头挖土，不再理会子路。子路只好向另一位打听。这人看了看子路问道：“你是何人？”子路小心答道：“在下是孔丘弟子子路。”

这人听了，感慨地说：“当今之世，就如同这大河里洪水，滔滔不绝，乱糟糟的无人过问。谁能改变如今这乱世呢？你跟着孔丘，四处奔走，为的是逃避无道君主的欺压，与其这样，倒不如跟我们这些逃避乱世的人，在这儿过安稳日子呢。”说罢，埋头干活，也不再理子路。

子路连碰两个钉子，十分无奈，回到车旁，将两人的话如实告诉孔子。孔子听了，沉思了一会，长叹一声道：“唉，我们总不能跟山中鸟兽生活在一起呀，我们不同世人在一起，还能跟谁同在呢？若天下清明，我怎么会操这份心呢？”

这个故事中孔子说的“问津”一词，后来就成了常用语，指打听渡口在哪儿。后来引申指“询问情况、探问途径”或“表示关注”，这就是成语“无人问津”和“不敢问津”。

肌腱或骨头韧带——筋

jīn

筋

“筋”字是个上下结构的会意字，它由月肉旁的“月”字、“力”字及表示竹子的竹字头三部分组成，这三个字形结合在一起，指人或动物的肌腱或骨头上的韧带，这就是“筋”。这三个组成部分各有特点，各有作用。“月肉旁”表示肌肉，“筋”是包含在肌肉内的，是“筋”的生存所在。“力”字正是肌肉力量所在，古人之所以将“竹”字组合到“筋”字当中，是因为竹子多筋。也正是因此，竹子才那样有韧性、弯曲自如。

楷书的“筋”字由小篆演变而来，写作“筋”。

“筋”字的本义指“肌腱或骨头上的韧带”。

肌肉也称“筋肉”“筋骨”，肌肉和关节称“筋节”，肌肉痉挛称“抽筋”。“筋疲力尽”指身体极度疲劳，这儿的“筋”指“筋骨”。常有人将这一成语写作“精疲力尽”，将“筋”字改成“精”，就不能突出身体疲劳了。

“筋”字由本义引申指“像筋的东西”，如面筋、钢筋、橡皮筋，这些物品的特点是有韧性，不易断裂。

人们将皮下的静脉血管称为“青筋”，把“翻跟斗”称为“翻筋斗”。把耐嚼、有韧性的食物称为“筋道”，如牛蹄筋吃在嘴里很筋道。

筋
小篆

筋
隶书

筋
楷书

孙权发明“面筋”

孙权是三国时期吴国的建立者，号称“东吴大帝”，“面筋”是一种食品，这两者有什么关系？

却说汉献帝建安十三年，曹操发兵逼向江东。孙权做好了应战准备。他派老将黄盖为粮官，调集数万石军粮运往前线。俗话说，“兵马未动，粮草先行”。运粮队伍晓行夜宿，沿长江而上，来到夏口，即今日之武汉。夜晚宿营时，发现有贼来偷粮食，守护官兵将其赶跑了。检查后，官兵并未发现粮食缺少，便没再追究。

当时正逢梅雨时节，天气时雨时晴。这日天气闷热，士兵们闻到一股酸霉气味，黄盖闻讯，赶来一查，发觉酸霉味均来自面粉袋，打开一看，原来是数十辆面粉车上的遮盖物被人用刀刺破，雨水灌进去，使袋内面粉结成团变味了。原来前几日那些盗贼不是来劫粮，而是曹操派来破坏军粮的。曹兵压境，战事在即，军粮告急，这如何是好？正当此时，孙权带随从来察看地势，黄盖忙上前禀报并请罪。

孙权听了也万分焦急。他赶到粮车旁，从面粉袋里挖出一个粉团，闻了闻，又在阳光下仔细查看，发觉其他都好，就是有点酸味儿。他想，若用水清洗一下，去掉异味，不同样可以吃吗？孙权令人端来清水，将粉团放下去，但粉团柔韧，抱成一团，里面的气味出不来。他把粉团浸入水中搓几下，细粉掉落，粉团反而变得富有弹性更加柔韧了，酸味也消除了。孙权大喜，忙命厨子将粉团拿去烧制。这些厨师技艺高超，将粉团剁成小块，里面裹入香菜猪肉等馅儿，用油炸了，成了一道食香味俱佳的美食。众人尝罢，无不赞美。黄盖也转忧为喜，请孙权为这美食起个名儿。孙权想了想，这面团像牛筋一样有韧劲，就叫它“面筋”吧。从此便有了“面筋”这一食品。

细细分析，孙权将面团放入清水中搅拌，去掉细粉的过程，正巧与词典解释吻合，说孙权发明“面筋”，名正言顺啊。

jīn
襟

小篆

襟
隶书

襟
楷书

衣服胸前相合处——襟

“襟”字是个左右结构的形声字兼会意字，左边的“衣字旁”作形符，表示跟衣服有关；“襟”字右边的“禁”字读“jīn”，作声符并会意；“衣”字与“禁”字相组合，指衣服胸前相结合的部分。因是指衣服胸前相结合的部分，这跟衣服有关，所以古人用衣字旁作“襟”字的形符。

古人为什么用“禁”字作“襟”字的声符呢?

小篆的“禁”字是个上下结构的形声字兼会意字。上面的“林”字指树林，表示树林里鬼怪多“因坟墓多建于树林”。“示”指祭示鬼神。本义指“令人忌讳的坟地”，后引申指“忌讳、不许、制止”。“禁”字也有经受之意。“襟”是指人衣服胸前相结合的部分，这儿是抵御风寒，经受冷风侵袭的部位，天冷时，人们都将衣襟处的一排钮扣扣紧，以御风寒。所以古人用“禁”字作“襟”字的声符并会意。

楷书的字形由小篆演变而来，写作“襟”。

“襟”字的本义指“衣服胸前相合部分”，如纽扣在一边的中装前面部分称“大襟”。中装上衣的一种样式，两襟相对，纽扣在胸前正中称“对襟”。纽扣在一侧的中装，掩在大襟底下的部分称“底襟”，“底襟”又称“小襟”。上衣、袍子的背后部分称“后襟”。上衣等前面部分称“前襟”。“正襟危坐”“捉襟见肘”中的“襟”字都指“衣襟”。

“襟”字由本义引申指“胸怀”，如气量、心胸、抱负、心怀称“胸襟”，也称“襟怀”，或称“襟度”；“襟怀坦白”指心胸开阔，心地坦荡，正直无私；“襟”字借指姐妹丈夫之间的亲戚关系，如连襟、襟兄、襟弟。

“襟”和“捉襟见肘”

“襟”字指上衣或袍子前面的部分，如对襟，也指胸襟、连襟。成语“捉襟见肘（zhǒu）”，指拉一下衣襟，就露出胳膊肘，形容衣服破烂，也用来比喻困难重重，应付不过来。这儿的“襟”，指衣襟，“见”字，同“现”，表示显露出来。说起这一成语的出典，有段历史名人故事。

孔子是春秋末期时的伟大教育家。他有弟子三千，其中有当官的、经商的，生活富裕，但也有十分贫苦的，连温饱也难维持。

孔子有位学生名叫原宪，字子思，春秋时期的鲁国人。据《韩诗外传》一书记载，他的穷困，到了无法形容的地步。原书用了十五个字来记述：

正冠则缨绝，振襟则肘见，纳履则踵决。

在这句话的前面有个简短的交代，说子思的同学子贡去看望他，这天正巧下雨，子贡冒雨走进他的屋子，发觉小屋窄小得容不下几个人，又破又矮。外面下大雨，里面下小雨，地上积满水，让人无处插足。

原宪出于礼貌，站起来整整衣帽，他想把帽子戴正，哪晓得帽带子一碰就断了；想把衣襟往上拉平，但轻轻一拉，胳膊肘就露出来了；抬起脚想把鞋子穿上，不料一拔脚后跟，鞋子破裂，露出了脚跟。

据说，孔子的另一个得意门生曾参（shēn），也称曾子，他活得跟原宪一样，也是十分贫困。曾参十年从没穿过一件新衣裳，也是“正冠而绝缨，捉衿（jīn）则衬见”。“衿”字与“襟”同义，都是古时读书人穿的衣服。

后人将“捉襟见肘”作成语流传下来，用以形容生活贫困，后人又引申指“事物杂乱无章，难以应付，搞得十分狼狈”，凡此，都可称作“捉襟见肘”。

五彩花纹丝织品——锦

jǐn
锦

古代的"锦"字，是个左右结构的形声字兼会意字，右边的"帛"字是形符，表示跟丝织物品有关；左边的金字旁是声符，读"jǐn"；两形合一，指"织有彩色花纹的丝织品"。

小篆的"锦"字以"帛"字作形符，在此，我们要详细讲一下"帛"字。"帛"，读"bó"，这是个上下结构的形声字兼会意字，"巾"为形符，表示"帛"和"巾"一样，也是纺织品；"白"为声符，表示帛是没有纹彩的丝织品。"帛"本义指"没有色彩的丝织品"，后引申指"丝织品的总称"。正因为此，所以"锦"字以"帛"字作形符。在古代，金是最贵重、最昂贵的物品，而"锦"的价格跟金子一样，也是很贵重的，所以"锦"字以"金"字作声符并会意。

"锦"字的本义指"有彩色花纹的丝织品"，如锦纶、锦缎、锦绣。由多种原料制成，或有多种花样的叫"代锦"；四川出产的传统丝织工艺品，用染色的熟丝制成的称为"蜀锦"；壮族妇女用手工编织的锦称"壮锦"；织有云纹图案的丝织品称"云锦"。

"锦"字由本义引申为形容"鲜明华丽的色彩"，如锦标、锦旗、花团锦簇、锦上添花、锦心绣口、锦衣玉食、锦绣河山等，这里的"锦"字，都是这层意思。

"锦"字也作姓氏用。

錦
金文

錦
小篆

錦
隶书

锦
楷书

“锦”字中暗藏凶险

民国年间，南京夫子庙云集了众多测字高手，在此设摊测字，成了当时当地的一大特色。

却说南京水西门有家绸缎店，以专卖南京云锦出名。老板柳五爷家大业大，钱多得花不完。但最令他揪心的是，独生儿子年初去杭州进货，至今音讯全无，不知死活。如有不测，将会断了柳家香火，故而柳五爷急得坐立不安，不知如何是好。

柳五爷想到夫子庙找测字先生测个字，看能不能测出儿子的下落。他听人说过，有位测字先生，曾在明成祖朱棣当燕王时测过一个字。测字先生把燕王要测的“帛”字，拆解为“皇字头，帝字脚”，说他将来准要当皇帝，结果被这测字先生说中了。

柳五爷想，这“帛”字是个吉利字，你再怎么折，也坏不到哪儿去。他思来想去，决定以“帛”字为主，旁边加个“金”字，以“锦”字求测，准能讨个吉利。又何况，自家开着绸缎店，又专卖云“锦”，求测“锦”字，顺理成章。

在夫子庙测字先生中，声望最高的，当数文德桥头的胡铁嘴。柳五爷匆忙写了个“锦”字，直奔夫子庙文德桥而去。

胡铁嘴年已七十，长着一撮花白的山羊胡子。他接过柳五爷送上的“锦”字，皱着眉，连连摇头说：“柳五爷呀，不是我嘴毒，你大事不妙呀！”

柳五爷心儿一沉，急着问：“这‘锦’字前程似锦呀，我只想要儿子活命，不指望功名利禄呀。”

胡铁嘴指着“锦”字说：“你只知其一，不知其二。你看你写的‘锦’字，左旁的金字歪斜下坠，已经掉到地上了，右边的‘帛’字占了一大半。这‘帛’字上半部是‘白’字，下半部是‘巾’字。‘白’‘巾’二字合在一起，是头戴白帽，身穿白衣，腰扎白带，全是孝服啊。你可能有大丧之事啊。”

柳五爷听了，顿时两腿一软，瘫坐在文德桥的台阶上。

物体燃烧后所剩——尽

jìn
尽

甲骨文

金 文

小 篆

盡
隶 书

尽
楷 书

古代的“尽”字是个象形字，下面是个“皿”字，指吃饭用的碗盆等器皿；上面像人手持抹布刷子之类在洗刷器皿，表示器皿中的饭菜已吃光了。金文的字形大致相同。

小篆的字形使其整齐化，写作“盡”。因字形相近，甲骨文“手持抹布刷子”的字形变成了“⿱聿火”字，这个字指手持棍子在拨火，表示“灰烬”。这样小篆的“尽”字就成了个上下结构的形声字兼会意字，下面的“皿”字作形符，指盛东西的器皿；上面的“⿱聿灬”字读“jìn”，作声符。因古代“火”字可用四点代替，“⿱聿火”字也可写用“⿱聿灬”。

“皿”字与“⿱聿灬”字组合，指物体燃烧后所剩下的东西。

前面已讲过，“⿱聿灬”字指手持棍子拨弄火或灰烬，加上表示食物已吃光的“皿”字，因此“盡”字的本义就是指物体燃烧后的剩余。剩余下什么呢？是一堆灰烬，表示所剩极少，且无用。所以“尽”字的本义指“没有，完了”。隶变后的楷书写作“盡”，现简化为“尽”，如自杀称“自尽”，“除恶务尽”指清除邪恶务必彻底干净，“尽善尽美”指完美无缺。由此又引申指“达到顶点”，如尽量、尽情、尽兴、穷尽、仁至义尽。又引申指“全部用出”，如尽力、尽心、尽忠、尽力而为。由上义引申指“努力完成”，如尽责、尽孝。又引申指“都、全部、所有”，如干尽、耗尽、详尽、前功尽弃。

“尽”字是个多音字，读作“jǐn”时，指“最、极”，如尽后边、尽上头、尽你们；由上义引申指“力求达到最大限度”，如尽量、尽快、尽早，“尽”字也指“让”，如先尽妇女和儿童、尽先让病人用；“尽”字也表示总是、任凭，如这两天尽下雨、你尽管说、尽你挑选。

今世进士“尽”是近视

“尽”字的词性和字义说起来蛮复杂的，就连读音也是两种读法。读“jìn”，做动词用，表示完、用力完成；做副词用，表示全部，所有的，如尽力，尽心；做书面用，表示死亡，如自尽。读作“jǐn”，表示最大限度，它还可以当作介词用和连词用。

这里讲个跟“尽”字相关的对联故事。

眼镜是现代人生活中不可或缺的物品，太阳镜、墨镜品种繁多，近视镜恐怕已多得难以统计了。就拿眼镜店来说，大街上随处可见。

眼镜是谁发明的？是何时传入中国的？对此众说不一，尚无定论。有一点是肯定的，在六百多年前，眼镜是稀罕之物，价格昂贵，不是一般人用得起的。一副眼镜相当于一匹良马的价格。传入中国后，更是贵得出奇，只有王公贵族用得起。到了清朝初年，眼镜仍然很贵重，常由皇帝赐给年老的大臣用。到了《红楼梦》成书的年代，有了国产的仿制品，眼镜的价格才下降，但也只有像贾府的老祖宗贾母这样身份的人才用得起。

清末光绪年间，北京一家金店老板，他特地在前门大街的黄金地段，将卖金银首饰的店面辟出一半，开了家眼镜店。新店落成后，他请了京城一批文人雅士，在全聚德聚餐三天，为他这新店起个名儿，作副对联。要求左面的上联要跟眼镜店有关，右边的下联要跟金银首饰店有关。横批就是这两家店的合称。这批京城名人，聚了三天，一个个冥思苦想，终于有位奇才，拟出了副奇特的上联：

今世进士尽是近视

这上联用四个谐音词讲了句诙谐有趣跟近视眼有关的话，众人认为基本可以，但下面要加上“请进配近视镜”之类的话，否则跟眼镜店无关。也有人说，如此一加，狗尾续貂，意趣全无了。争论了多日，没有下文。如今只剩下这残缺的上联流传于世，供人们作文字游戏，把玩品味。

鸟儿向前进

jìn
进

甲骨文

金 文

小 篆

進
隶 书

进
楷 书

古代的“进”字是个会意字，上部是“隹”字，读“zhuī”，指鸟；下面是个“止”字，表示脚；因为鸟儿的脚只能跳跃着前进，而不能后退，所以以此表示前进。

金文字形由甲骨文演化而来，下面仍然是个“止”字。小篆的字形由金文演变而来，但已是走之旁，仍然以“隹”和脚组合，像鸟向上飞的样子，这也是个会意字，表示前进，这和甲骨文的用意是一样的。“進”字简化后，成了“进”字，由会意字成了形声字，走之旁为形符，表示与走动有关；“井”为声符。

“进”字的本义指“往前或往上走”，如进兵、进步、进度、进发、进攻、进军、进击、进去、进驻、并进、推进、改进、跃进、增进、长进、冒进、先进、进行曲、进退两难、高歌猛进。

“进”字也有发展的意思，如进展、进化、进程、促进。

“进”字由本义引申指“从外往里走”，如进出、进来、进入、进深、进食、进行、混进、掘进、跨进、钻进、闲人免进。

“进”字由上义又引申指“收入或买入”，如进账、进货、进口、进款、进项、进益、买进、引进。

“进”字还引申指“奉上、呈献”，如进言、进奉、进贡、进香。

“进”字还指平房前后两院的建筑格局，一排称为一进。

“进”字也作姓氏用。

谢石拆“进”字

谢石是南宋拆字名家。有一年，他曾在丹阳请一位道姑拆过“石”字。道姑说他这石字是“为名不成，得召而退；逢皮则破，遇卒则碎”。这些话暗含警告之义，他记在心上，时时告诫自己，谨言慎行，以免惹祸上身。

南宋建炎三年，谢石在利路这个地方当尉官。他有个朋友叫王进，这王进是驻守当地的将官。一天，王进在家里摆下宴席，单独请谢石喝酒。酒饮至半酣，王进对着谢石耳朵，要他拆拆自己的名字，看前景如何。

谢石不知底细，深思一会，劝道：“你这个‘进’字，既可看成‘隹’字和‘走’字，也可看成是‘佳’字和‘走’字。‘佳’‘家’同音，‘家’要走动离开，恐是不祥之兆，你若有什么打算，看来不会成功！”

王进听了，淡淡一笑，称自己酒喝多了，不再多谈。其实，王进正密谋结党叛乱，对谢石的话不以为然。然而，就在他准备率兵叛乱的那个晚上，他家中一个厨师翻墙逃了出去，到官府告密。官府立即派兵包围王家，将王进抓获，关进了大牢。

有人向郡守告密，说当晚谢石曾到王进家。郡守怀疑谢石是同谋，也把他抓了起来。后来查明，他不在同谋之列，因知情不报，就将他发配到四川仪陇去服苦役了。

谢石在被押往四川的路上，忽然想到那年道姑为他拆“石”字的那句话：“遇卒则碎。”此话不假啊，这王进当年是从小卒提升为军官的，遇上他，我谢石成了罪人。如今家已破，心亦碎，真是走投无路啊。

行走的距离短——近

jìn
近

金文

小篆

近
隶书

近
楷书

小篆的“近”字是个左下包围结构的形声字兼会意字，左下方的“走之旁”是“辵”字，读“chuò”，在甲骨文中是会意字，表示在大街上行走，作偏旁时写作走之旁，在这儿作形符，表示跟“走路”有关。“近”字的右上方是“斤”字，读“jīn”，作声符。

“斤”字与走之旁组合，指行走的距离短。因是指行走的距离短，这跟走路有关，所以古人用走之旁作形符。

古人为什么用“斤”字作“近”字的声符呢？

甲骨文的“斤”字是象形字，字形像一把砍木头的斧子，本义指“砍木头的斧子”。人用斧子砍树时，斧子时时砍伐树体，说明斧子跟树的距离很近，而“近”是指距离很短，很小，所以古人用表示斧子的“斤”字作“近”字的声符并会意。

楷书的字形由小篆直接变来，写作“近”。

“近”字的本义指“距离短”，如路近，容易走到称“近便”；靠近陆地的海域称“近海”；近邻城市的郊区称“近郊”；在旁边或附近称“近旁”；最新的情况称“近况”；最近过去的几天称“近日”或“近来”；还有近代、近年、近人、挨近、逼近、远近等词。

“近”字由本义引申指“差别小，相差不大”，如近似、将近、接近、贴近、相近；又引申指关系密切，如亲近、近乎、近情、靠近、平易近人；“近”字还假借指浅、浅显，如言近旨远、浅近。

“平易近民”和“平易近人”

成语“平易近人”，指待人的态度和蔼可亲，使人容易接近。若考证起来，这个成语的典故，不是用来形容人的态度谦和，容易接近，而是讲管理百姓的行政事务的方式方法。原意是“平易近民”，后来变为“平易近人”。一字之差，意思大不一样。

先说“平易近民”。这句话最早出自《史记•鲁周公世家》。周公辅佐武王消灭商朝后，先封在周，后来迁往鲁。周公派自己的大儿子伯禽担任鲁国第一任国君。三年后，伯禽才回来向周公汇报情况。周公感到很奇怪，时隔三年才来汇报政事，为什么拖这么久呢？伯禽回答道：“变其俗，革其礼，丧三年然后除之，故迟。”

原来，在这三年间，伯禽花大力气改变鲁国的旧风俗、旧礼制，推行为父服丧三年才能除掉丧服这制度，所以直到今日才来汇报。

周公同时派姜姓部族族长姜子牙到齐国任国君，五个月后，他就回来汇报政事了。周公惊奇地问：“你怎这么快就来汇报政事了？”

姜子牙道：“吾简其君臣礼，从其俗为也。”

原来，他这么快就回来汇报，是因为他将君臣之礼简化了，政务上的事按齐地的旧风俗行事，不加改变。

周公两相比较，不由长叹一声，说道：“呜呼，鲁后世其北面事齐矣！夫政不简不易，民不有近；平易近民，民必归之。”

周公这番话的意思是：政务上的事如不简单易行，百姓就不会跟你亲近；政务上的事如平和易行，民心就会归顺你。鲁国政事搞得复杂琐碎，而齐国政事简约易行。

周公这番话的意思指，治国的方针政策，之所以要平常易行，就是为了要亲近百姓，这就是“平易近民”。

随着时间的流逝，由讲政策方针的“平易近民”，变成了讲为人处事的“平易近人”，词义有了很大的差别，细加分析，也不难理解，一项好的政策方针，如若简单易行，民众一听就懂，办起来省时省力，无形中就拉近了执政者与民众间的距离，相互有密切的合作，加深了感情，这不就是平易近人么？

两箭射中靶心——晋

jìn

晋

甲骨文

金文

小篆

晋

隶书

晋

楷书

甲骨文的“晋”字，是个上下结构的会意字，上部是两支倒立的箭，下部是像“日”字的靶心，这就是箭要射中的目标。在甲骨文中，常用扁“日”字作符号，表示目标、目的。整个字形表示弓箭一支接一支地射中了靶心。

小篆的“晋”字，上面变为两个“至”，甲骨文的“至”指落到地上的箭。其义与甲骨文的“晋”一样，指两支箭射中靶心。

射箭者连续射中目标，就有进一步、跟进、递进的意思。所以“晋”的本义就是“进、升”，如晋升、晋见、晋级。

也有人认为，小篆的“晋”字是个形声兼会意字。其上部两个“至”为读音，下面的“日”表意，指日出使万物得到阳光而生长，这就有“前进、上升”的意思。这一说法，也有道理。

也有人认为，“晋”下面的“日”，既不是指靶心，也不是指太阳，而是插箭的器具。“晋”的本义就是指“箭”。“箭”与“晋”同音。箭射出去有向前向上的趋势，所以“晋”表示前进和上升，这也不无道理。

“晋”与“进”有所不同。“进”，表示向前移动，表示前进，而“晋”主要表示上升，如晋升一级工资、晋升为上将。

“晋”曾是周代诸侯国名，“晋”也是朝代名，“晋”也是山西的别称。

“晋”，也是一个姓。

二矢射日造“晋”字

“晋”字，在甲骨文中上面是两支箭，下面是个“日”，有人认为是两支箭射太阳，这就是“二矢射日”。因此“晋”的本义是指“射日之箭”。

先民们在“晋”字中设计了箭的形状。两支箭射向太阳，这就不得不使人们想到，这与后羿射日有没有关系？

在中国古代神话里，有“后羿射日”的故事。

相传远古时代，天上有十个太阳，把大地烤焦了，人们无法生存。天帝令天神后羿到人间去解救万民，后羿会见了尧帝，尧帝请后羿射太阳。

后羿拉开神弓，搭上神箭，一连射下九个太阳，大地顿时凉爽了许多。后羿正要射最后一个太阳，却发现最后一支神箭还在尧帝手中。

尧帝说：“太阳对人类必不可少。留下一个太阳，世界才有阳光，才有温暖，万物才会生长。”这样，天上留下了一个太阳。

先民们正是根据这个神话传说，创造了“晋”字。如若没有这个传说，就不会想到用箭射太阳，更不会想到用箭连续射太阳，也就造不出“晋”字的字形来。这就是“二矢射日”造“晋”字。

jìn
禁

鬼神林地不准进——禁

小篆的“禁”字是个上下结构的形声字兼会意字，下面的“示”字指祭祀鬼神的祭坛或偶像，在这儿表示鬼神，作形符；“禁”字的上边是“林”字，读“lín”，作声符并会意；“林”字与“示”字组合，指森林是鬼神之地，不准进入。因是指鬼神之地，这跟鬼神有关，所以古人用“示”字作“禁”字的形符。

古人为什么用“林”字作“禁”字的声符呢?

“林”字在古代特指“坟墓”。自古坟墓四周多种树，所以墓地也特称“林”，表示令人忌讳的坟地之意。因森林阴森恐怖，神秘莫测，被看作是鬼神活动的场所，这可从古今中外的神话、童话传说中看出来。正因森林是鬼神活动场所，一般是不准进出的，而“禁”字有不准、制止的意思，所以古人用“林”字作“禁”字的声符并会意。

楷书的字形由小篆演变而来，写作“禁”。

“禁”字的本义指“不准、制止”，如禁止一般人去的地方称“禁地”，彻底禁止称“禁绝”，非有关人员不得进入的区域称“禁区”，禁止刊行的书籍称“禁书”，还有禁烟、禁欲、查禁、门禁、失禁、严禁、情不自禁等词。

“禁”字由本义引申指“法律或习惯上制止的事”，如禁令、禁忌、禁律、犯禁、违禁、开禁等词。

“禁”字又引申指“关押”，如禁闭、禁锢、监禁、拘禁、软禁、囚禁、幽禁等词，还引申指“皇帝居住的地方”，如禁军、紫禁城。

“禁”字是多音字，读作“jīn”时，指“经受、耐用”，如禁穿、禁磨、禁不住、弱不禁风；由此又引申指“忍耐、忍住”，如禁受、不禁、忍俊不禁。

禁
小篆

禁
隶书

禁
楷书

“禁”和“严禁”

这里讲个跟“严禁”相关的小故事。

严先生是位文化人，退休后，严先生一早有两件要事：一是去市民广场散步，二是去菜场买菜。每次进出，必经一条连接大街的小巷口。以往路过，觉得巷口畅通无阻。但现在一大早出门，总看到巷口有辆运钞车停在那儿，堵住了路。银行人员跑进跑出地运钞票。运钞车上的几个押运员，跳将下来，手持钢枪，头戴钢盔，身穿防弹衣，如临大敌，严阵以待，一个个神情严肃，虎视眈眈地站立两旁，监视着过往行人。行人不敢越雷池一步，因为车身上有四个醒目大字：严禁靠近。

严先生是搞文字的文人，深知这四个字的分量，但内心又感到十分屈辱。明明是你的车子挡住了我的去路，我只能贴着你的车身，沿着墙壁，挤将过去，你却“严禁”和“靠近”，哪有这样蛮不讲理的？你这押运公司也只是个民营企业，你的运钞车，与公共汽车或私家车一样，也应该遵守交通规则，没有什么特权，怎能如此横行霸道？严先生暗自腹诽。有位小伙子不会腹诽，他等得不耐烦，说了一句不满的话，随即听到“哗啦”一声，押运的保安员拉动了枪栓，恶狠狠地盯着没腹诽的小伙子，于是，没人再敢发声了。

严先生为这“严禁”二字，忍受了好几年的“憋屈”和“屈辱”，他曾义正词严地写过投诉信寄给相关部门表达自己对运钞车上这两个字的不满，但都如石沉大海，无人回应。又过了几年，严先生终于在街头惊喜地发现，运钞车上“严禁靠近”四个大字改成了“请勿靠近”。严先生竟然欣慰地笑了，深深地吐了口气，好像讨回了公道。

“严禁”改“请勿”，一词之差，意义可不大一样。这里有对公民权益的尊重，有对自身权力的约束，有对法制的敬畏，有对文明的认同……

一个“禁”字的分量，怎生了得！它是强制！它是命令！它是呵斥！又何况“严禁”呢？而“勿”字有劝阻之义，前面加个“请”字，就显得文明和谐多了。

jìn
噤

闭口不讲话——噤

“噤”字是个左右结构的形声字兼会意字。左边的“口”字作形符，表示跟嘴巴有关；右边的“禁”字读“jìn”，作声符并会意；“口”字与“禁”字组合，指闭口不讲话。因是指闭口不讲话，这和“口”有关，所以古人用“口”字作“噤”字的形符。

古人为什么用“禁”字作“噤”字的声符呢？

小篆中的“禁”字是个形声字兼会意字。下面的“示”字作形符，指古人祭祀神灵的祭坛或偶像；上面的“林”字作声符并会意。古人认为森林是鬼神活动的场所，是禁止人进入的，故“禁”字有不准、制止、禁止的意思。而“闭口不讲话”，就是不允许、不可以讲话。所以古人用“禁”字作“噤”字的声符。

楷书的字形由小篆演变而来，写作“噤”。

“噤”字的本义指“闭口不言”，如闭口、不讲话称“噤口”，住口、不作声称“禁声”，嘴里不说而存心害人称“噤害”。“噤若寒蝉”，指像寒秋的蝉不再鸣叫，一声不响，比喻不敢说话，这里的“噤”字指闭口、不做声。

“噤”字也用来表示因寒冷而发生的哆嗦，如因受冷或受惊而身体颤动称“寒噤”，也称“打冷战”或“噤战”。

噤
小篆

噤
隶书

噤
楷书

“噤”和“噤若寒蝉”

“噤”字，作书面语用，表示闭口不作声，如噤若寒蝉。成语“噤若寒蝉”，指像寒冷秋天的蝉，不再鸣叫，形容不敢作声。

说起这一成语的出典，有段历史人物故事。

东汉年间，有位大臣名叫杜密，颍川阳城人。杜密少年时代便有雄心壮志，要为国为民贡献自己的才干。成年后，他受到朝廷重用，历任代郡太守、太山太守、北海相。他为人正直，疾恶如仇。在任期间，他对宦官子弟为官作恶者，皆加搜捕，严惩不贷。后来他调任尚书令，又迁到河南任职。不久，宦官集团复辟，他受到迫害，被罢官，回到了颍川老家。

回乡后，杜密仍关注国家大事。他经常去拜会颍川郡守、县令等官员，畅谈天下大事，议论朝廷内斗的是非曲折。

杜密是个心直口快的人，说话也是知无不言，言无不尽，这一秉性，直到临死也没改变。

杜密有个同乡名叫刘胜，此人曾在四川任蜀郡太守，刘胜辞官回乡后的表现，与杜密完全不同。他闭门谢客，不与外界来往，只在家里赏花玩鸟，含饴弄孙，安享天年。

这天，颍川太守王昱（yù）来拜访杜密，说：“刘胜这人太清高，公卿们多次推荐他出来任职，都被他拒绝了。”杜密听了此话，知道他是话里有话，在提醒他复出做官。他当即坦诚相告：“依我看，刘胜是个人才，他应当出来为国为民多做些好事。但他这人有所不足。他对好人不推荐，对恶人恶事不敢揭示作抗争，他明哲保身，一声不吭，只顾保住自身安全，‘自同寒蝉’，其实是当今的罪人。而我杜某，听说有贤人就向你推荐，有坏人恶事，也向你报告，让你赏善惩恶，为国为民多做善事，为你略尽绵薄之力。”

后人将杜密这番话中提到的“自同寒蝉”四个字改为“噤若寒蝉”，作成语流传下来，比喻像寒秋的知了，一声不响，不敢讲话。

据史记载，杜密后来接受王昱劝告，复出任职，最终受政敌迫害，被逼自杀。

jīng

荆

带刺的落叶灌木——荆

小篆的“荆”字是个左右结构的形声字兼会意字，左上方的“草字头”作形符，表示跟草本植物有关；右下方为“刑”字，读“xíng”，作声符并会意；草字头与“刑”字组合，指山野里长的一种带刺的落叶灌木。因讲的是落叶灌木，这跟花草植物有关，所以古人用草字头作“荆”字的形符。

古人为什么用“刑”字作“荆”字的声符呢?

古时责罚犯罪的人，常用刑杖打犯人的屁股，以示惩戒。这种刑杖多用带刺的荆木制作，所以古人用“刑”字作“荆”字的声符并会意。

楷书的字形由小篆演变而来，写作“荆”。

“荆”字的本义指“落叶灌木”。这种灌木种类很多，多丛生，枝条柔软，可编筐篓。山野丛生的带刺的小灌木称“荆棘（jí）”，也用来比喻前进道路上的困难；荆的条枝称“荆条”；落叶灌木或小乔木，叶略呈圆形，开红紫色花，可供观赏，木材或树皮均可入药，这就是“紫荆”；人们常说的“披荆斩棘”，就是指拨开带刺的荆，砍断带刺的棘，表示扫除障碍，克服困难。

“负荆”指认错赔礼，这就是“负荆请罪”；旧时谦称自己的妻子为“拙荆”；初次见面或结识称“识荆”。

金文

小篆

隶书

荆
楷书

“荆”和“拙荆”

“荆”字是个名词，指灌木或小乔木，种类较多，大多数丛生，掌状复叶，开紫色的花，结的果实成球形。

与“荆”字相合的词有“荆棘（jīngjí）”“荆条”等。这些野生小灌木都带有坚硬的小刺，人们轻易不敢碰它，以免刺破手指。有个谦辞叫“拙荆”，是指旧时代的男子对人称自己的妻子。

为什么称自己的妻子为“拙（zhuō）荆”呢?

按字面解释，拙，属形容词，指笨，如手拙、眼拙，也作谦词用，指自己的见解或文章，如拙作、拙见。

谦虚她称自己的妻子笨拙也未尝不可，但为什么称“拙荆”呢?这跟带刺的荆棘有何相关呢?

爱美之心，人皆有之。要美就得好好打扮自己。女人对美的追求更是强烈。富裕人家的女子，穿金戴银自不必多说。贫寒之家的妇女买不起金钗插头上，买不起绫罗绸缎做衣裳，她们自有办法打扮自己。聪明的女人就向大自然寻找装饰品。采朵鲜花插头上，那是常有的事。她们还会在家前屋后荆棘丛里，剪下一段荆棘枝条，用它做成一根钗子插在头上，因荆棘条十分坚硬，做成的钗子插在头发上不会掉下来，其效果跟金银制成的钗子一样，配上一朵鲜花，更显美丽。穷人家妇女，虽无绸缎，但配上用粗布制成的裙子，也很动人。古时的“荆钗裙布”，代指妇女衣着朴素，虽有贫寒之义，但仍给人一种朴素之美。

随着时间的演变，男人们就将自己的妻子称作“拙荆”，尽管妻子头上也许插着银钗，但仍习惯称作“拙荆”。除了“拙荆”一词，男子还习惯称妻子为“荆妻”“荆人”“荆布”“荆室”“内人”“贱内”“糟糠”“太太”“内子”“内助”等；还有口语及方言中的“老婆”“老伴”“堂客”“屋里人”“婆姨”“家主婆”“内掌柜的”等，有近百种称呼，可见汉字语言是何等丰富多彩。

jīng

惊

马因害怕而受惊

小篆的“惊”字可不是现在的这个字形，它是个上下结构的形声字，写作“驚”，下面是个“马”字作形符，表示跟马有关；上面是个“敬”字，读“jìng”，作声符；“敬”字与“马”字组合在一起，指马因害怕或受刺激而狂奔。

楷书的字形由小篆演变而来，隶变后写作“驚”，后简化为“惊”。

“惊”字与“驚”字相比，这两个字在字形上已脱胎换骨，已找不到一点马受惊而狂奔的影子了。作为新的“惊”字，我们完全可以把它看作是个左右结构的形声字，竖心旁是形符，表示跟人的心理活动有关；“京”字作声符；“心”与“京”相结合，表示心理上慌张紧张，其本义指“心中受惊了”。

古代“驚”字的本义指“马因害怕而狂奔”，当人们看到这种情况时，就会大呼马惊了、惊马了、快拦住惊马。

“惊”字由本义引申指“因受刺激而使精神紧张”，如吃惊发愣称“惊愕”，惊慌害怕称“惊骇（hài）”，慌张害怕称“惊慌”，惊慌失措的神态称“惊魂”，因害怕而吓晕过去称“惊厥（jué）”，惊谎恐惧称“惊恐”。还有惊吓、惊喜、惊讶、吃惊、受惊等词。

“惊”字又引申指“举动影响干扰别人”，如惊动、惊扰、惊倒、惊人、震惊、打草惊蛇、石破天惊等。

驚
小篆

驚
隶书

惊
楷书

惊动满天星斗

陶澍（shù）是清代嘉庆年间的进士，湖南安化县人。年少时便聪颖过人，加之勤奋好学，所以有“小神童”之称。

陶澍中进士后，即在朝廷任职，受到道光皇帝的重用，先任翰林院编修，后升任御史。他在时，在内督办海运，剔除监政积弊，兴修水利，疏浚河道，救济灾民等方面做了大量的工作，应该说，他是位难得的清官。当时的两江总督林则徐对陶澍十分敬佩。陶澍因忙于公务，废寝忘食，积劳成疾，六十岁便去世。林则徐曾赠挽联，对他做出了高度评价。陶澍为人性格豪放，胸无城府，见义勇为，不畏权势。每到一地，他都能体察民情，除恶安民，整治治安，兴办教育，培养人才。他自己著文赋诗，造诣颇深。他精通书法，为后世留下了不少佳作，著有《印心石屋诗抄》《陶文毅公全集》等传世。

少年时代，陶澍便有远大志向。据说有一天，安化县城一家榨油坊开业，油坊老板敲锣打鼓放鞭炮引来成千上万的人观看。老板还花重金请来当地文人学士助兴，请他们为榨油坊题联庆贺。这些秀才们一个个搜肠刮肚，但写的都是“生意兴隆通四海，财源茂盛达三江”之类的陈词滥调，油坊老板大失所望。

炮竹声把跟小伙伴们玩耍的陶澍吸了过来。他见众人写不出新鲜对联，便走到桌旁，拿起笔就要写，被在一旁看热闹的父亲拦住了。父亲批评道：“这么多长辈在这儿，怎轮得上你！”

陶澍说：“爹，让我试试嘛。”说罢挥笔就写：

榨响如雷，惊动满天星斗
油光似月，照亮万里乾坤

在场的人读了，无不拍手叫好。上下联头一个字，连起来是“榨油”二字，而且还写出了榨油坊之特点，读来气势不凡，一个“惊”字，真是惊天动地，正如油坊榨油时的响声和动静。炸出来的油流淌下来，光亮照亮天地，这是何等壮观啊。这样的对联，难怪引得人们拍手叫好了。

星星亮晶晶

jīng
晶

甲骨文

金文

小篆

隶书

楷书

甲骨文和金文的“晶”字是由三个圆形组成的，有人认为那是发光的星星。到了小篆时，“晶”字的星形，均写成了“日”，与今天的“晶”字一样了。

古代的三，表示多数，三个“日”加在一起，表示天上的星星很多很多。从这点看，“晶”字的本义是指“夜空中闪闪发亮的星星”，有明朗、明净的意思。

也有人认为，甲骨文、金文、小篆的“晶”字其字形相似，都属会意字。三个“日”堆在一起，强调晶莹、光亮的意思，其本义指“光亮、明洁”。这一说法，与前面所说是一致的。

晶，主要表示光亮，如晶莹、亮晶晶。

与“晶”有关的词还有晶体、结晶、晶体管等。

《隶辨》

唐·裴休

明·董其昌《三希堂法帖》

曹操猜字招女婿——晶

对“晶”字，民间有这么一段“曹操猜字招女婿”的故事。

三国时，曹操挟天子以令诸侯，权势大得吓人。不少人都想巴结他，有些王孙贵族，听说他的女儿还没出嫁，纷纷上门求亲，可曹操嫌他们才气不够，统统拒之门外。

就在这时，有人告诉曹操，说有个叫丁仪的人，才华横溢，博览群书，是个有真才实学的大才子。曹操一听，很感兴趣，马上派人将丁仪请来。

丁仪到了曹府，曹操见他其貌不扬，心中不免有点儿失望，但他有心试探一下他的学问。曹操想了想，开口问道：“一字九横六竖，可知这是个什么字呀？”

丁仪文思敏捷，应声答道：“此乃‘晶’字。”

曹操点头微笑，觉得此人果有才气，不能以貌取人，当即决定把女儿嫁给他。

【瓦当欣赏】

秦汉瓦当

头顶重物战战兢兢

jīng

兢

甲骨文

金文

小篆

兢

隶书

兢

楷书

古代的“兢”字，是由甲骨文的“竟”字演变而来的。金文在“竟”字的上半部分作了变动，小篆的写法使其整齐化，上面变成两个“丰”字并排的形状，隶变后的楷书进一步简化为“兢”。因为“竟”字曾演变为“競”争的“竞”字，有弟兄競赛之义，而现在的“兢”字表示“敬”。“兢”“敬”同音，本义指“在競赛中要小心谨慎”。

有人认为，甲骨文的“兢”字，是个左右结构的会意字，字形像两人头顶重物的样子。头顶重物干什么？不管是兄弟競赛还是行走，都应该小心谨慎。金文的字形变成了上下结构的形声字兼会意字。下面是两个“人”字，作形符，表示与人有关，上面两个“丰”字作声符，读“fēng”，这是“豐”字简省的写法，表示人头上顶的东西多，突出是重物，所以要小心谨慎。

也有人认为，小篆的“兢”字是个形声字。上面的两个“丰”字是声符，下面的两个“兄”字作形符。“兄”字的本义是“滋长”，二兄则表示竞相滋长。从这个角度讲，“兢”字的本义是“强劲”，强劲时就要小心谨慎，所以后来又引申指“小心谨慎”。

还有人认为，古代的“兢”字，像两个人头上顶着成串的玉在前后追逐，生怕把玉弄掉下来摔碎了，所以要小心谨慎。这一解说，把头上顶的“丰”字更加形象化、具体化了。

还有人认为，甲骨文的“兢”字是会意字，字形就像两个头戴战帽的武士，摆动两手，齐步前进。武士健壮有力，所以“兢”字的本义为“强劲的样子”。

综上所述，“兢”字的本义指“小心谨慎的样子”。古代也曾用作“强劲”的意思，但如今这层意思已经消失，主要指“谨慎”，如兢兢业业、战战兢兢，都指担心害怕、小心谨慎的样子。

猜谜语竞赛——兢

现在，有不少人一刻也离不开电脑，就是写两个字也要敲键盘，这样人们对汉字的笔画愈来愈疏远，于是便产生提笔忘字的现象。

无锡有位刚大学毕业的小伙子，名叫郑丹青，是个阳光大男孩，玩电脑是一等高手。他热心公益活动，到社区当志愿者，上周末他还组织了一次社区猜谜语竞赛，广受好评。

郑丹青的爷爷跟梁溪谜语研究会会长马汉文是老朋友，凭这层关系，他邀请马汉文当了猜谜竞赛的评委。马汉文欣然接受。

这里我们不说竞赛如何热烈，只说挂在门口的那条幅引发的一段文字情缘。

社区大厅张灯结彩，一条条铜丝上挂满了谜语。凡猜中的，可到服务台当场兑现奖品，奖品有糖果糕点小玩具。大家猜得很认真也很开心。

门口条幅上写着："社区猜迷兢赛当场对现。"看来是郑丹青手写的。其中"猜"字反犬旁下面一撇出了头，"赛"字下面写成"西"字。另外"迷"字、"兢"字、"对"字都是错别字。

马汉文当场没说，过了几天，他以学电脑为名，将丹青请到家来，把话题引到那条幅上。他出示了用手机拍下的照片，指着"兢"字说："这是个'战战兢兢'，胆小谨慎的'兢'字呀。凭这种状态，怎能参加竞赛呢？你这赛字里面是西瓜么？没宝贝嘛，赛什么？'猜'字左边反犬旁，那是指狗起疑心才有猜疑呀。反犬旁下一撇出了头，就不算犬啰。再说这'迷'字，没有言字旁，成不了谜语呀。还有这'对'字，可以说'对奖'，但你要说的是当场兑现吧？……"

一席话，说得郑丹青面红耳赤。他轻声说："谢谢马叔叔。"马汉文纠正道："我与你父亲同辈，但比你父亲大得多，你应叫我伯伯。还有，你签名时的'丹'字，当中那一点不能拖下来，要不，人家以为你是郑舟青呢……"

这一老一少谈了很多，最后约定，小郑教马老电脑，马老辅导小郑书法。

经选择的优质米——精

jīng
精

古代的“精”字，是个左右结构的形声字兼会意字，左边的“米”字是形符，表示跟稻米有关；右边的“青”字是声符，读“qīng”；这两个字形组合在一起，指“经过认真选择的优质米”。因选择的是去皮的米，所以“精”字以“米”字作形符。

古人为什么用“青”字作“精”字的声符呢？因为“青”指蓝色或绿色，有青出于蓝而胜于蓝的意思，指更好。而经过认真挑选的去了皮的米是最好的，所以“精”字用“青”字作声符并会意。

隶变后的楷书写作“精”。

“精”字的本义指“上等的经过去皮的优质大米”，由此引申指“经过挑选、提炼的”，如精盐、精兵、精米、精简、精矿、去粗取精等；由此引申指“提炼出来的最纯净的物质”，如精华、精粹、精髓、茶精、钢精、味精、炭精、糖精、香精、蜂王精等。由此又引申指最完美、最好的，如：精美、精致、精妙、精彩、精良、精装、精锐等；又引申指“精细”，如精密、精巧、精确、精微、精制、精致、精雕细刻；由此还引申指“专一、深入”，如精诚、精读、精深、精辟、精通、精心、博大精深；又引申指“机灵敏锐”，如精干、精悍、精练、精灵、精明。

“精”字假借指精神、精力，如精疲力尽、聚精会神。

“精”字又假借指“精液、精子”，如精虫；还假借指妖怪，如妖精。又指很、非常，如精光、精壮、精瘦。

精
金文

精
小篆

精
隶书

精
楷书

养生学家畅谈“精气神”

无锡梁溪谜语研究会的市民讲座，应广大听众要求，请来退休老中医金辉先生讲养生的话题。金老也是知名养生学家，年近八十，他坐台上便是广告。如此高龄，满面红光，声若洪钟，动作敏捷，双目炯炯有神，若不是养生有效，何能如此？金老在一片掌声中侃侃而谈——

老朽已是望八之人，大家可别听成“王八”啊。

“王八”是乌龟，乌龟长寿啊。有人说“生命在于运动”，有人反驳：“乌龟运动吗？”是不是不运动就长寿呢？不见得，这里有个辩证关系。凡事不可偏激，有人说爬山好，爬得膝盖都磨碎了，这不是找罪受吗？有人说“静养”好，他最大的运动就是“躺躺、坐坐、站站”，连“走走”都不提，胖得走不动路，还往哪里长寿呢？有人说吃素好，鱼肉不沾，有人爱吃荤腥，从不吃素。营养不均衡，怎能长寿呢？

从养生角度讲，人的“精气神”以“精”为主。“精气神”从何而来？首先要吃粮食。腹中无食，没精打采，有气无力，神情恍惚，精气神都跑光了。正因如此，“精”字以“米”字为形，旁边的“青”字为声。这“青”字是生命的颜色，是活力的表现，青春活泼嘛。“精”字由“米”和“青”组成，“米”本是庄稼汲取日月精华长成的粮食，“青”，是由粮食转化而成的生命力。五谷杂粮，经人嘴里的牙齿咬、嚼，加上唾液中和，再从食管吞至胃，由胃液消化分解，汲取其营养成分和精华，再输送到人体各部位，作为人体生命活力的动力，使人的生命力旺盛，保障精气神充足。这就是说，人的精神能源，是由五谷精华所提供的，精神与人的元气，都是谷米之精华转化的。繁体字“气”字写作“氣”，里面有个“米”字啊。老祖宗造“氣”字时没忘记加“米”字，足见人的“精气神”是从五谷之精华所转化的。

“精”字中的“青”字指明了其中转化的过程，人静生精，养精蓄锐，但别忘了也要动，气动显神，这是养生的原理。总之，“精”表现在思维灵敏、精明强干；气表现在耳闻，闻风而动，雷厉风行；神表现在目光炯炯有神，目光如炬。对“精气神”三字，要融会贯通，方能心领神会。

jǐng

井

甲骨文

金 文

小 篆

井
隶 书

井
楷 书

八家共一井

在我国历史上，是先有了“井”这个事物，然后才有“井”这个字的，其间相距近千年。

甲骨文的“井”字，跟古老的水井很像。四周是木料或石料围起来的井栏杆，当中空当为井口，这是个象形字。后来小篆的“井”字当中多了一点，指井中有水。

据专家考证，“井”字是商周奴隶社会时“井田制”的产物。奴隶主为了便于管理，将一里见方的土地，划为九个区，形状像“井”字。每区约一百亩地，八家各占一区，负责耕种收获。当中那一块为公田，劳务由八家共同负担。而在公田中央，掘有水井，吊上来的水，供八家灌溉农田，人畜饮用。

人们的生活离不开水。古人择水而居。没有河流湖泊的地方，先民们便围绕掘出的水井而居。因此，“井”的本义是指“水井”，进而又指凡是形状像井的事物，如矿井、油井、天井。

由于井是人口集聚的地方，人多了，就有贸易往来，会形成闹市口，所以称商业区为市井。

先民们将共同住在井边的人称为“同乡”，所以“乡”与“井”是同义，井里与乡里也同义。背井离乡就是远走他乡。

由于“井田制”划分时，有章可循，分布整齐，所以“井”有条理分明的意思，如井井有条。

鲍照与“井”字谜诗

南朝时期，有位文学家名叫鲍照（约公元414—466年），字明远，东海（今山东兰陵县南）人，出身贫寒，曾任秣陵令、中书舍人等职。他长于乐府，尤其擅长七言歌，风格俊逸，对唐代大诗人李白、岑参等都有很大的影响。他不仅留下了许多传世名作，据说还独创了“井字谜诗”。

在鲍照所著的《鲍氏集》中，有一则字谜，世称“井字谜诗”。

诗曰：

二形一体，四支八头；
五八一八，飞泉仰流。

诗中“二形一体”指“井”字横与竖不同的两画。“四支八头”，指“井”字四道杠，八个头。“五八一八”，指五八等于四十，也指“井”字中的四个“十”字。“一八得八”指“井”字中的八个角，这与“八个头”是一个意思。末句“飞泉仰流”，表示人们从井中取水时，由下而上，好像泉水向上飞流一样。

在南朝之前，人们就制作谜语了，其中也包括字谜。自《鲍氏集》井字谜开始，“谜”字第一次出现于古籍之中，而且逐渐流传开来。后来有许多井字谜，都是受这则谜语启发而创作的，如：“一字四十八个头，当中有水水不流。”就是一则流行最广的井字谜。

一字一世界

jǐng

景

金文

小篆

隶书

楷书

日光高照——景

“景”字是个上下结构的形声字兼会意字，上面的“日”字作形符，与阳光日照有关；下面的“京”字读“jīng”，作声符并会意；“京”字与“日”字组合，指日光高照。因是指日光高照，所以古人用“日”字作“景”字的形符。

古人为什么用“京”字作“景”字的声符呢?

甲骨文、金文和小篆的“京”字都是象形字，字形就像堆土为高丘，在高丘上建亭子与宫殿；有的就像后来在高处建的瞭望哨和烽火台一样，所以“京”字有“高”的意思。太阳高挂在天空，光辉普照万物，所以古人用“京”字作“景”字的声符兼表意。

楷书的字形由小篆演变而来，写作“景”，“景”字的本义指“日光”。

景字由本义引申指“风景、景物”，如可供欣赏的风光、景色称“风景”，夜间的景色称“夜景”，秋天的景色称“秋景”，远处的景色称“远景”，奇异的景色称“奇景”，风景区中某一有特色的景致称“景点”。还有盆景、景物、胜景、图景等词。

“景”字由上义引申指“情况、情形”，如景气、景况、景象、先景、年景、前景、应景、大煞风景等；“景”字又引申指“戏剧、影视的布景和摄影棚外的景物”，如布景、场景、后景、内景、外景、中景等，有些词属专业用语。

“景”字假借指“尊敬、佩服”，如景仰、景慕，都表示仰慕、尊敬之义。

胡铁嘴妙解“景”字

民国年间，南京夫子庙文德桥头摆测字摊的胡铁嘴，是位慈祥的老人。他的测字摊是行人歇脚之地，也是亲朋好友聚会场所，还是一些街坊熟人咨询谈心之处。

这天，胡铁嘴的测字摊前，走来了一位喜气洋洋的青年，他一屁股坐下，咋咋呼呼地要胡老爷子给他测测官运。胡铁嘴暗暗好笑。这毛头小伙子在一所中学教务处打杂，至多当个会计出纳之类，谈何官运。

胡铁嘴问：“测什么字？”说着递上字口袋，让他摸个字。小伙子拍拍口袋说：“大爷，我正儿八经测字，付你钱啊。”说罢伸手摸出个“景”字。

胡铁嘴随手写个“景”字，不经意间问：“看你喜的，是高升发财还是有人为你作媒了？”小五子喜滋滋地小声说：“有人告诉我，校长要我当财务科长——嘘——不可告诉别人哦。”

胡铁嘴笑笑：“言归正传。你这‘景’字，上为‘日’，下为‘京’。京即京城，皇帝住的地方，也可解释为上司，比如你们校长。上面的‘日’为日光，太阳光，好比阳光已照到你身上，可见你听说的校长已看中你，这是真实可信的。”

小五这性格爽朗，近于浮躁，凡事喜怒形于色，口无遮拦，顿时高兴得连连搓手，好像马上就接掌财务科印章似的，还追问：“什么时候任命呢？”

胡铁嘴指指“景”字说：“‘景’字为‘影’字之半，人常说‘如影相随’，也就是说，随时随地都有可能。”

小五子听了，又是一阵磨拳擦掌。胡铁嘴提醒道：“不管是否提拔你，日后行事要谨慎。这‘景’字下有‘小口’二字，你要防小人之口，坏你大事。你‘高’家祖宗三代，都是这个德行，高谈阔论，大口套小口，口口相传，口无遮拦，引起口舌纷争，坏在祸从口出，你得小心才是……”

高小五子连连点头，一阵风似的跑了。胡铁嘴分文未得，白费了口舌，但也并不介意，一笑了之。

jǐng

警

金文

小篆

隶书

楷书

用语言告诫使人警惕

古代的“警”字是个上下结构的会意兼形声字，由表示用言语告诫意义的“言”字和表示严肃、谨慎意义的“敬”字组成。在这里，“敬”字兼表声符，读“jìng”，这个字的意思是指用语言告诫、提醒人，所以用“言”字作形符。

古人为什么用“敬”字作“警”字的声符呢？因为“敬”有不敢怠慢的意思，包含严肃、谨慎的意味。又因“敬”同“儆”，有使人警醒，不犯过错之义，所以“警”以“敬”作声符并会意。

“警”的本义为“告诫”，如警告、警句、警钟、警示、警报、惩一警百。

“警”字由本义引申指戒备，如警察、警备、警戒、警铃、警犬、警惕、警卫。

“警”字还由上义引申指“危急的情况或事件”，如火警、报警。

“警”字还假借指人的感觉很敏锐，如警觉、警醒、机警。

“警”字是警察的简称，如民警、武警、交通警、巡警、警力、警员。

“警”字也作姓氏用。

东晋 王献之

唐 颜师古 等慈寺碑

督察大队长细说“警”字

督察大队，是负责检查警察在执法中遵纪守法情况的。谁违法乱纪，均由督察大队查处。

新任督察大队长宋文彬，人称大老宋。别看他文质彬彬，但警察们都敬畏他，只要他一上门，大家便知道肯定出了什么事儿，要挨批评了。大伙儿心里虽然怕他，但又喜欢听他讲话，因为他说得在理又生动活泼，让人受益。

这天，大老宋来到交警大队，把近百名干部和警员召集到会议室，笑嘻嘻地说：“今天来不是作报告，而是给大家上堂语文课，专门讲警察的‘警’字。讲得对不对，请大家批评。”

大老宋说罢，拿出早已写好的斗大的“警”字贴到墙上，说：“说句老实话，我跟各位一样，对这‘警’字的理解也是片面的。总以为上面是个‘敬’字，下面是个‘言’字。我是警察，我是管人的，被我管的人就得用最好的词语来表示对我尊敬，对我畏惧。同志们，事实正是如此啊，不少巡警、交警、刑警在执法时，对民众凶狠狠的。有些人虽然敬了一个礼，但常常用命令的口吻讲话，对人摆出一副神圣不可侵犯的样子。被查处的或有点儿违规行为的公民，见了警察，都是点头哈腰，说话小心翼翼，生怕得罪了警察，吃不了兜着走……”

这番话，说得不少人脸红了。近来，市民们的投诉，网民们的帖子，真是议论纷纷啊。

大老宋话锋一转，说：“我们为什么不把‘警’字作另一番理解呢？当警察的是为人民服务的，应该尊重每一位公民，包括对违章违纪的人，也应该有足够的尊重，多用敬词，称他们为女士、先生，用您字相称，执法时要以理服人，尽量和颜悦色，使他们感到温暖、亲切，我们当警察的，要把‘警’字中‘敬’‘言’二字时时记在心上，对民众多用敬言，这样才能给工作带来方便啊……”

一席话，说得大家心里豁然开朗了。大家对天天见到的“警”字，似乎有了更深刻的认识。

距离近的小路——径

jìng
径

金文

小篆

徑
隶书

径
楷书

“径”字是个左右结构的形声字兼会意字。左边的“彳”字读“chì”，作形符。在甲骨文中，“彳”是个象形字，是由“半条街”变化而来的。“彳”的本义是“半条街”，作偏旁用时表示与道路及行走有关。“径”字右边的“𢀖”字是“经”字简省的写法，作声符。“彳”字与“𢀖”字组合，指距离近的小路。因“彳”字有“道路”与“行走”之义，所以古人用“彳”字作“径”字的形符。

古人为什么用“经”字作“径”字的声符呢？

金文和小篆的“经”字本来就写作“𢀖”，是个象形字，是“经”字的本字，是最早的“𢀖”字，隶变后的楷书写作“巠”，其本义指“经线”。后“𢀖”字作偏旁用，古人就在左边加绞丝旁写作“经”。“经”字就由本义引申指“道路，人的经脉”等义。“经线”也有“直的、一条线”的意思。

俗话说，路是人走出来的，走的人多了也便成了路。为什么走的人多呢？因为直线距离最近，人们爱抄近路走，所以古人就用“经”字作“径”字的声符。隶变后的楷书写作“徑”，简化为“径”。

“径”字的本义指“小路”，如狭窄的道路、小路称“山径”“曲径”。田径运动中各种赛跑、竟走项目比赛的总称为“径赛”或称“田径赛”。“曲径通幽”指弯曲的小路，通向幽静的地方。行为举止称“行径”。“径”字由本义比喻达到目的的方法，如捷径、门径、途径、独僻蹊径；由上义引申指“直接了当”，如表示直接向某处行走，中间不停下来称“径直”；自作主张称“径自”；“径”字也指直径，如半径、直径、圆径等。

“径”和“蹊径”

距今两千五百多年前的春秋时期，齐国正卿名叫晏婴，他是齐国三朝正卿，执政五十多年。他以节俭力行，谦恭下士著称。用现代话说，他是一代名相。

在晏婴当齐国正卿之前，齐景公不了解他，派他到东阿这小县城当县令。

晏婴上任后，勤政爱民，提倡孝道，惩治豪强，惩罚懒汉及地痞恶棍，对手下官员要求严格。尽管他得到百姓夸奖，但大批豪强和地方上的懒汉恶棍却兴风作浪，散布谣言，捏造事实，毁谤晏婴，结果宴婴的坏名声传遍全国，也传到了齐景公耳朵里。谣言听多了，齐景公的耳朵也听软了，于是免了他的职务。

晏婴对免职原因心知肚明。他向齐景公再三请求，让他在东阿再当三年县令，保证获得好名声。景公勉强同意，三年后，果如晏婴所说，他的名声变好了，不少人颂扬他。齐景公为此很高兴，亲自召见他并要奖赏他。

晏婴面对齐景公颁发的奖金，坚持不收。齐景公再三询问，晏婴便向他汇报了在东阿六年中前后各三年的情况。他对齐景公说，他第一次治理东阿是“筑蹊（xī）径，急门闾（lǘ）之政，而淫民恶之”。这话的意思是，我采取的是修建狭窄小路的办法，用来防止盗贼，那些好逸恶劳的人就痛恨我，因我不迁就权贵豪强，这批人也讨厌我。我第二次治理东阿，就采取完全相反的办法，所以第一次骂我反对我的人，到第二次就变成赞美我了。由此可知，我第一次治理东阿是对的，我并无过错。而第二次治东阿确实有过，应当受罚，故而我不敢接受你的奖励。”

晏婴在向齐景公讲述原委时，用了“蹊径”一词，如今成了人们的常用语。“蹊”指小路，“径”指狭窄的路。“蹊径”本指小路，但现在引申指“道路、路径”。这便是人们常说的“独辟蹊径”“另辟蹊径”。

看谁吹奏得好——竞

jìng

竞

甲骨文

金 文

小 篆

競
隶 书

竞
楷 书

甲骨文的“竞”字是个会意字，由“竟”字演变而来。字形是稍有简化的两个“竟”字相并立。我们知道，“竟”字像人吹奏乐器的样子，现在两个“竟”字排列在一起，表示两个人一起吹奏，看谁吹奏得好，或是谁吹得更响亮。金文对甲骨文的字形作了改动，成了两个并立的“言”字，表示二人争相发言，各抒已见，各不相让的意思。在甲骨文和金文中，“音”和“言”是相通的。吹奏音乐也罢，争相发言也罢，都有竞赛，争一高下的意思。后来的小篆，对这一字形作了调整，隶变后的楷书写作“競”，如今简化为“竞”。

也有人认为，“竞”字没有这么复杂，不管甲骨文，金文还是小篆，都像两个头顶东西的人在竞逐比赛，此说恐怕过于简单。这两个人头顶什么？比赛什么？不如前面所说的有根有据，令人信服。

“竞”字的本义指“激烈地比赛，决一胜负”，如竞技、竞标、竞猜、竞渡、竞岗、竞购、竞价、竞买、竞卖、竞聘、竞拍、竞销、竞选、竞逐等。

哥哥站立在上面——竞

苏北阜宁县张吴村，有个水果大王叫吴荣喜。他是农村奔小康的典型，别说县里，在省里也是响当当的。吴荣喜发家致富，全靠他那一对双胞胎儿子。大儿子名大双，小儿子名二双，弟兄俩一前一后，就相隔两三分钟落地，但老大老二，分得清清楚楚，毫不含糊。

老大帮父亲管理果园，老二管对外经营，弟兄俩可算是珠联璧合，相得益彰。果园茂盛，生意红火，四乡八村，没人不羡慕。

有道是“家家有本难念的经”。不知咋的，吴家兄弟俩闹起了矛盾，嚷嚷着要分家。吴荣喜急了，忙着去找镇长乡长和村干部。俗话说，“清官难断家务事”，谁肯过问这等事呢？最后由老村长出面，叫吴荣喜装病，邀来吴家的几个长辈压阵，另请见多识广、能说会道的胡德先当调解人。胡德先也没推辞，问明缘由，也做了些调查，还做了点准备，就到吴家来探望老吴了。

老吴为两个儿子不和忧愁得确实生病了。他见胡德先来了，竟然实话实说：“我也不装病了，真的被他弟兄俩气病了。生意做得好好的，分什么家呢？”

胡德先安慰道：“迟早总要分家的，只是现在竞争激烈，不宜分家。”说到这儿，他话锋一转，问弟兄俩：“你们知道‘竞争’的‘竞’字怎么写吗？”

弟兄俩被问住了。老大写了个“竟”字，老二写了个“兢”字。胡德先笑道：“都写错了，我也是近日才弄懂的。‘竞争’的‘竞’，上为立，下为兄，立兄为‘竞’，原来是两个‘竞’字排在一起写作‘兢’，那是指兄弟竞争、两兄对立。现在单个，表示哥哥立在上面，外出力，多辛苦，多谦让，做出好榜样，这样才有竞争力。你们当中有谁如若存私心，横出一杠子，插在‘兄’的心口上，那就是成了‘竟’字。你们知道‘竟’字是什么意思吗？‘竟’字就是终了、完蛋、意想不到，所有人都会说，吴家竟然变得这样了……”

胡德先的话越说越重，吴家兄弟听了，有点儿坐不住了。

jìng

竟

甲骨文

金文

小篆

竟

隶书

竟

楷书

乐曲终了——竟

甲骨文的“竟”字，是个上下结构的指事字，也是个会意字。下面是“人”字，表示有个人站着，上面的字形像人用口在吹奏乐器。这两个字形结合在一起，表示乐器演奏结束了，含有“终止”的意思。从这个角度看，“竟”字是个指事字。

也有人认为，“竟”字的上半部分是个“音”字，下半部分的“儿”字是个“人”字，两形合一，指乐器演奏结束了。在这儿，“音”字表示乐曲，因而从“音”，而乐曲要靠人来演奏，故而又从“人”。小篆的字形由甲骨文演变而来，但显得复杂化，隶变后楷书写作“竟”。还有两个字也是由“竟”字变化而来的，一个是“競争”的“競”，后简化为“竞”（jìng），另一个是“兢兢业业”的“兢”（jīng）。这几个字容易混淆，我们将分别讲解。

“竟”字的本义指“乐曲终止”，后来引申泛指“事物完毕、终止”，如未竟、未竟事业。

“竟”字由本义引申指“终于、到底”，如毕竟、有志者事竟成。由此又引申指“从头到尾、自始至终、全部”，如竟日、竟夜。

“竟”字还用来指出乎意料、意料之外的事，如竟然、竟至、竟自、他竟然干出这种事来。

“竟”字也作姓氏用。

梦中照镜子——竟

俗话说，“日有所思，夜有所梦”，这话是符合科学道理的。做梦，是人的生理现象，谁不曾做过梦呢？梦做得多了，便会有美梦，也有恶梦，也难免做些神奇的梦，做一些匪夷所思的梦，否则人们怎会将荒唐的事比作做梦呢？

做梦是人的生理现象，也是心理现象，因此，有关梦的宗教心理、文化特色，在世界各民族中都有不同的表现。外国人有解梦学说，中国人喜欢说梦、占梦、托梦、解梦。迷信的人，往往将人的祸福吉凶跟梦联系起来，于是出现了有梦说梦、无梦编梦的现象，从而形成了具有中国特色的丰富多彩而又饶有兴味的梦文化，由此还产生了最具有中国特色的“字梦”呢。

所谓字梦，就是做梦的人做一些与汉字有关的梦，或解梦的人把梦境化解成字，再依据这个字的形、音、义来解梦、占梦。

却说唐朝玄宗年间，中书令崔湜（shí），不知为什么事，得罪了玄宗皇帝，玄宗大怒，将他发配到岭南充军。放逐途中，他经过湖北荆州时，宿一家小旅店。夜里，崔湜做了个梦，他梦见自己在一座寺庙里，坐在佛像下的座垫上，听大和尚讲佛法。听着，听着，他竟拿出一面铜镜来，对着自己的面孔照来照去。早晨醒来，回忆梦境，不觉暗喜，自认为这是个好梦：亮光照耀，说不定好运将至，自己将被皇上赦免，结束流放，返回京城。

当时荆州有位著名的术士名叫张猷（yóu）。此人精于测字，善于解梦，跟崔湜也相识。于是，崔湜以戴罪之身，去张猷府上，请他为自己解梦。张猷听罢崔湜的叙述，知道这是大凶之梦，但他不忍启齿，以几句闲话，将崔湜敷衍过去。

待崔湜走后，张猷对自己的几个弟子说：“崔令公所做的梦，是大凶之光，预示着朝廷将要传令下来处死他。他所说的‘镜子’，这‘镜’是‘金’旁加‘竟’字。‘竟’者，完毕终了也。既已终了，离死还远么？”

果然，当崔湜刚要启程继续赶路时，朝廷使节疾驰而至，奉诏将崔湜赐死。

手持棍棒使人恭敬

jìng

敬

金文

小篆

敬

隶书

敬

楷书

金文的“敬”字是个象形字，其形状就像一个戴着头饰的人向左侧跪着。显然，这个人是外族人，他跪着以表示恭敬。

小篆的“敬”字，在右侧另加了个符号“攴”，楷书写成“敬”。

“敬”字就成了由“苟”和“攵”组成的会意字，表示手持棍棒使人恭敬。其本义就是对人尊重，有礼貌，如尊敬、恭敬、致敬、敬佩、敬礼、敬仰、敬慕、肃然起敬。

也有人认为，“敬”字左边的“苟”不是人形，而是一条狗的形状。这“苟”就是后来的“狗”，它们在古代是同一个字。右边的“攵”指棍棒，也就是用棍棒教训狗，对主人要顺从、恭敬。其本义也是“对人尊重、有礼貌”。

还有人认为，金文的“敬”字是个会意字。左边从口，表示与口有关，中间是一个头戴帽子的牧羊人，右下方是一只拿着鞭子的手，合起来指牧羊人手持鞭子呼叫着，警告羊群不要乱跑。“敬”字本义指“警告、慎重”，后引申为“尊重、有礼貌”。

“敬”，除了表示尊敬、恭敬之外，还表示有礼貌地送上（饮食或物品），如敬酒、敬烟、敬茶。

与“敬”搭配的词组还有敬业、敬意、敬贺、敬候等。

“敬”，是一个姓。

晋·索靖《月仪帖》

姓苟改姓——敬

《百家姓》一书记载，中国姓氏有四百多个。其实一千个也不止，其中有姓“苟”和姓“敬”两家。这两家有分有合，其间还有一段历史渊源。

“苟”姓远在黄帝时期开始之后不久就出现了。据说当时有个地方出产一种植物名叫枸杞，能当草药,当地人就以“苟”为姓。著名的人有苟实、苟参。

在公元907年到960年，这53年是五代时期，其中有个后晋王朝。

后晋的开国皇帝叫石敬瑭。石敬瑭手下有位大臣姓敬。这位姓敬的大臣出于对皇帝的崇敬和敬畏，他要避石敬瑭的名讳，不敢再用“石敬瑭”三个字中的“敬”字为姓，就忍痛将“敬”字中的右半边“攵”字去掉，只剩下左边“苟”字，从此改姓“苟”。

这位大臣的后代一代一代都姓“苟”，繁衍一千多年，后来有成千上万“苟”姓人家，遍布中华大地。

因为“苟”“狗”同音，听起来刺耳，说起来不雅，常遭人们嘲笑。有些人不甘受辱，与人争吵打斗，时有血案发生。为此，近年来，河南登封一带的苟姓，联名发出倡议，改“苟”姓为“敬”，重新恢复老祖宗的姓，据说，当地政府还表示大力支持呢。

苟+攵

站立不动很安定——靖

jìng

靖

古代的“靖”字，是个左右结构的形声字兼会意字，左边的“立”字是形符，表示站立；右边的“青”字是声符，读“qīng”；这两个字结合在一起，表示站立在那儿不动，有安定、稳定的意思。

古人为什么用“青”字作“靖”字的声符呢？因为“青”指天的颜色。天的颜色相对来说较稳定，有定而不变的意思，所以“靖”字用“青”字作声符并会意。

也有人认为，一个人站立在那儿不动，而四周又是青绿色的环境，给人以安静、安宁的感觉，所以古人用“青”字作“靖”字的声符并会意。

还有人认为，“靖”字由“立”字和“青”字组成。“立”字指“树立、确立”，而不是“站立”。“青”字也不是指“青天、青色”，而是指“纯洁、没有杂质、具有旺盛的生命力”，这就是处于安静稳定的状态 。

“靖”字的本义指“安定、平安”，如安静稳重称“靖重”；社会秩序安定称“宁靖”。

“靖”字由本义引申指“平定变乱，使其安定”，如用武力镇压叛乱称“平靖”。使地方平靖，给予安抚称“绥（suí）靖”。使边境安定称“靖边”。平定叛乱称“靖乱”。

“靖”字也作姓氏用。

小篆

靖

隶书

靖

楷书

靖康之耻

宋朝末年，在中华大地东北地区的少数民族女真族逐渐强盛起来。他们在首领阿骨打的带领下，进行了大规模的制度改革，把原先由血缘关系维系的女真族社会，改造成官僚体系统治的国家，这就是金国。国王就是金太祖完颜阿骨打。

不久，金太祖完颜阿骨打率领金兵消灭了辽国。他死后，他的弟弟完颜吴乞买继位，这就是金太宗。金太宗率金兵向北宋发起进攻，当时的北宋皇帝宋徽宗可吓坏了，他马上退位，把皇位让给儿子赵桓，自己去当太上皇了。

赵桓就是宋钦宗，他也是北宋最后一个皇帝。他登基时，要为自己选个吉祥威武的年号，经文武大臣及文人学士几番议论，最后决定将年号改为“靖康”。“靖”有安静稳定的意思，“康”有健康发达的意思，这两个字组成的年号，是再好不过的了。

这时，金兵仍在不断向宋朝都城开封发起进攻，就在大敌当前之时，赵桓还在做他的帝王梦。他对身边大臣们说：“大宋江山，不会衰亡，这可从‘靖康’年号中看出。‘靖康’二字，可折为‘十二月立康’，一年后，我将重振大宋王朝！”

赵桓所说的“十二月立康”，是将“靖”字拆解为“立青”二字。而“青”字又可拆为“十、二、月”三字。这种拆解法极为浅显，一眼便可看出。

赵桓有没有说过这句话？有人说是他的弟弟赵构说的。因为赵构后来带领一班人马，逃到淮河之南的扬州去了，以后又南迁到浙江临安，建立了一个偏安东南的南宋，他就是后来的宋高宗。也许，赵构为了鼓舞士气，会说这番话吧。

回过头来再说太上皇宋徽宗和他儿子宋钦宗，他们都被金兵俘虏了，这父子俩连同皇室人员及所有大臣都被押往金国，开封城内各种手工匠人共三千多人，也被送往金国当奴隶。延续167年的北宋王朝，在靖康二年（公元1127年）被金国灭亡。由于这件事发生在“靖康”年间，是宋朝的奇耻大辱，因此史称“靖康之耻”。

绘画色彩鲜明——静

jìng

静

金文

小篆

静

隶书

静

楷书

古代的“静”字，是个左右结构的形声兼会意字。左边的“青”字为形符，右边的“爭”字为声符，读“zhēng”，后简化为“争”。两字相合，指详细、周密地分析、推究。因为“青”字指草木初生的颜色，非常明显，容易辨认，所以用“青”字作形符。又因为“争”字有抢过来的意思，又含“引”的意思，在这儿，有引导自己详细、周密地去识别，所以“静”字以“争”字作声符并会意。“静”字的本义为很“认真周密地审察、辨认”。

也有人认为，“静”字的本义是指“图画或色彩鲜明细致”；还有人认为，“静”字的本义指“绘画的色彩疏密有章”。

以上所说的“静”字的本义，在现在的“静”字中似乎体会不到了。我们可以这样理解，人们因周密地审察，而使色彩精致、画面清晰不乱，由此假借没有声响，情绪稳定，动作不受干扰，这就是“静”。

“静”字由本义假借指“没有声音”，如静听、安静、沉静、寂静、宁静、清静、恬静、文静、娴静、幽静、静悄悄。

“静”字由上义引申指“安定不动”，如静止、静态、静养、静坐、静电、平静、心静、镇静、风平浪静。

“静”字，也作姓氏用。

东晋·爨宝子碑

东晋·王献之《淳化阁帖》

三个老汉对山歌——静

相传著名女歌手刘三姐是广西壮族人，她创造了壮族歌谣。这种歌谣，以男女对唱方式出现。每年，广西各地都举办大型歌节，这歌节又称“歌圩”，来参加的人可一展歌喉，显示才华。

这年初春，在柳州鱼峰公园举行的歌圩上，不仅有成千上万年轻人，还有满头白发的老年人哩。其中韦家三位老兄弟的对唱，最为引人注目，他们不仅歌声嘹亮，而且唱词精彩。

韦老大先唱：“有水呀便是那个清泉哎，无水呀便是那个青菜哎。除去呀那个清边水哎，加争呀，便是那个清静哎。清静的福儿谁不爱哎，吃尽几多香菇木耳芥兰菜哎——”

韦老二接着唱：“有口呀便是那和谐的和儿哎，无口呀，便是那禾苗长得欢哎。除去呀那个和边口哎，加斗呀便是爱科学的科哎。科学种田谁不爱呀，吃尽几多羊羔美酒呀，赛过你的香菇木耳芥兰菜哎——”

韦老三跟着唱：“有木呀便是一座桥哎，无木呀便是桥头住着的乔老二哎。除去呀那个桥边木哎，加女呀便是娇惯的小女儿哎。娇女儿是爹妈的小棉袄哎，穿在身上好暖和哎，赛过你的羊羔美酒还有香菇芥兰菜哎——”

最后，评委会给韦老三发了特等奖，说他的唱词编得好，不仅宣传了国策计划生育，还把女儿比作爹娘的小棉袄，这是多么温馨呀。这个词，后来还成了当年的流行语哩。

jìng
境

国与国的边界线——境

“境”字是个左右结构的形声字兼会意字，左边的提土旁指土地，表示跟土地、地界有关；右边的“竟”字读“jìng”，作声符并会意。“土”字与“竟”字组合，指国与国之间的边界线。因是指国与国之间的边界线，这与土地、领土有关，所以古人用“土”字作“境”字的形符。

古人为什么用“竟”字作“境”字的声符呢？

甲骨文的“竟”字是个会意字。字形的下面从“人”，上面像口在吹奏乐器形状，表示演奏乐器终了之意。隶变后的楷书写作“竟”。“竟”字本义指“乐曲终止”。“竟”字上面是“音”字，下面的“儿”字表示“人”。人演奏乐器到此为止，所以“竟”字由本义引申指“终了，完毕”。由此又引申指“两国边境交界处”，国界是国土终止的地方，所以，“竟”字又引申指“边境、国境”。为分化字义，古人在“竟”字左边另加义符“土”字写作“境”，专门表示边境。由此可见，“竟”字是“境”字的本字，是最早的“境”字，它理所当然地是“境”字的声符了。隶变后的楷书写作“境”。

“境”字的本义指“疆界”，如靠近边界的地方称“边境”，离开国境称“出境”，一个国家行使主权的领土范围称“国境”，境界和境地称“境域”。还有过境、入境、离境、大军压境等词。

“境”字由本义引申指“地方、区域”，如土地的界限或事物所达到的程度或表现的情况称“境界”，周围的地方和生存空间称“环境”。还有梦境、仙境、身临其境等词。“境”字又假借指“遭遇到的情况”，如境地、境况、处境、困境、险境、心境、竟境、止境等词语。

境
小篆

境
隶书

境
楷书

“境”和“渐入佳境”

“境”字表示疆界、边界，如国境；也表示地方、区域，如渐入佳境；成语“渐入佳境”，形容境况越来越好，情景越来越妙。佳境，指美好的境界。

说起这一成语的出典，有段有趣的名人故事。

距今一千六百多年前的东晋时期，晋陵无锡，即今日江苏无锡有位大画家名叫顾恺之。他擅长画人物，他的作品被当作稀世珍宝，流传至今，为当今的艺术大师们所推崇。

顾恺之的艺术才华在当时无人可及。不仅仅是绘画，他在诗词歌赋造诣上也很高深，在个人性格上也为人所称道，大家都愿与他交往，他直率豪放，言谈风趣幽默，只要有他在场，欢声笑语不绝于耳。当时同道中人称他为“三绝”，即“才绝”“艺绝”“痴绝”。何为“痴绝”？《晋书•顾恺之传》中载一小故事。原文曰：

晋顾恺之每食甘蔗，常自尾至本（根）。人或怪之。恺之曰：“渐入佳境”。

这段话说的是，晋代的顾恺之，每当他吃甘蔗时，总是从甘蔗尾部吃起，一直吃到根部。人家感到奇怪，问他为什么这样吃法？顾恺之说：“渐入佳境啊。”

甘蔗没有两头甜，它的根部要比梢部甜得多。顾恺之从梢部吃起，渐渐吃到根部，这样就会越吃越甜，这就是“渐入佳境”。“渐入”，就是渐渐地、逐步地进入；“佳境”，就是美好的境地，形容越来越好。他这种吃甘蔗的方法，可体验出越吃越甜的滋味来。

后人将顾恺之这句话作为成语流传下来，以此比喻境况渐渐好转；也把风景、情趣、滋味、声音等等逐渐地深入到美妙的境地，都称作“渐入佳境”。由于顾恺之的这段故事流传广泛，人们也把由苦到乐，境况逐步好转也称之为“蔗境”，将好转的形势直接跟吃甘蔗的事联系在一起了。

jìng

镜

照见人物形象的镜子

最早的“镜”字，是由甲骨文的“監”字演变而来的，字形像一个人用一盆水来照自己的面容。由此发展为后来的“镜”字。而真正用的镜子，也是由盆里放水能照见自己而产生制作想法的。

小篆的“镜”字，脱离了“监”字和“鉴”字，自己独立自主，成了个左右结构的形声字兼会意字，左边的金字旁作形符，表示跟金属有关；右边的“竟”字读“jìng”，作声符并会意；“金”字与“竟”字组合在一起，指反映物体形象的用具镜子。因为这种镜子，在古代用铜制成，将其表面磨得很光亮，能照见自己的面孔，此镜称为“铜镜”。因镜子是用铜制作的，所以古人用金字旁作形符。

古人为什么用“竟”字作“镜”字的声符呢？因为“竟”字是“境”字的本字，是最早的“境”字。而“境”字有表示两国边界，有区划明显的意思，两个地界，不可混淆。而人照镜子，一个是真实的人，一个是镜中人，形与影各自分开，镜内镜外有境界，所以“镜”字用“竟”字作声符并会意。

楷书的字形由小篆演变而来，写作“镜”。

“镜”字的本义指“照见人的形象的用具”，如镜面、镜框、明镜、照妖镜、穿衣镜。

“镜”字由本义引申指“观察事物的多种用具”，如眼镜、望远镜、显微镜、潜望镜、透视镜、镜片、镜头、胃镜、墨镜、老花镜等。

鏡
小篆

鏡
隶书

镜
楷书

镜照九州

苏轼是北宋时期的文学家、书画家。他是唐宋八大家之一，号东坡居士，人们习惯称他苏东坡，他除了在文学艺术上享有盛誉之外，在政治上也很有抱负。他在杭州任职时，十分重视环境整治，在疏浚西湖时，又在湖水最深处建立了三座宝塔作为标志，这就是今日的“三潭印月”。他把挖出来的淤泥集中起来，筑成一条纵贯西湖的长堤，后人将这长堤名之为“苏堤”。我们的故事，就从苏堤讲起。

苏东坡仕途不顺，一生坎坷，他生活得最为安逸舒坦的是在杭州那几年。他常约好友佛印和尚到西湖边喝茶，在苏堤上散步，两人吟诗作对，一天，苏东坡指着不远处的六和塔说：“大和尚，看到六和塔，我想到一上联，请你对个下联。”

佛印说：“请出上联！”苏东坡吟道：

六塔重重，四面七棱八角

佛印听罢，略一沉思，摊开手掌答道：

一掌平平，五指三长两短

苏东坡见难不住他，又指指眼前的保俶塔说：“今日我就以塔为题，再出个上联，请听好——”：

保俶塔，塔顶尖，尖如笔，笔写四海

这是个谐音顶针联，要对出下联可不易。佛印和尚倒背着手，转身四面看看，指着苏堤上的锦带桥说：“苏公，听着，下联来了——”

锦带桥，桥洞圆，圆似镜，镜照九州

上联“保”与“笔”谐音，塔、尖、笔三字顶针；下联“锦”与“镜”谐音，桥、圆、镜顶针。细细品味，真妙不可言。

jiǒng

囧

甲骨文

金文

小篆

隶书

囧

楷书

窗户透明——囧

“囧”字，在汉字里属元老一级，它在甲骨文中就有了，外面是个似圆非圆、似方框而又不是方框的形状。里面的上半部是个“八”字形，下半部呈“口”字形。这个字的结构属半包围，笔画为7画，部首属“冂”。

“囧”字是个非常典型的象形字。你看，它多么像一扇窗户啊。外面是窗框，窗子上有许多窗格，也就是窗棂。窗户是用来通风和照明的，有了窗户，外面的亮光才能照进来，所以“囧”字的本义就是窗户十分敞亮，亮堂堂的。

“囧”字，由本义引申指“明亮”。古文中有“囧若金玉”的词句，就是说光亮的程度如同金玉。

不知为什么，这“囧”字似乎先天不足，一直没有得到广泛的运用，渐渐地被人们遗忘了，成了个死字。有人说它在现代汉语中没有留下任何踪迹。这也不见得。在汉字“炯”（jiǒng）中，就有“囧”的影子。“炯炯”表示明亮、光明。炯炯有神、目光炯炯，恐怕都跟“囧”字很有关系吧？

【瓦当欣赏】

秦汉瓦当

网民们的创举——冏

语言和文字，跟任何事物一样，也有出生、成长、变化乃至死亡的现象。有许多词汇和文字，随着时代的发展，有些消失了，有些变化了，有些出生了。相对而言，新词汇不断涌现，而文字则较为固定。

网络世界，是网民们的自由天地，网络语言，五花八门，各显其能。网民们虽规范意识差，但充满了创造才能。有时泥沙俱下，鱼目混珠，但也不乏有真知灼见，有神来之笔。

不知哪位网友，在浩瀚的字海中找到了已奄奄一息、几乎死亡的“冏”字。他们从字形上仔细端详，发觉这“冏”字很像一个人的头像，你看，这个人四方脸，阔嘴巴，上面一对粗眉毛，由上而下地耷拉着，显出一副苦闷、烦恼又伤心的样子。于是，网友们给“冏”字做出了一个新的定义：苦闷、伤感、郁闷、尴尬、悲戚、沉痛……总之，这“冏”字就如同今日之“窘”字。不过，它比这“窘”字更传神。据说，北京奥运会上，美国射击运动员马修一路领先，可最后一枪打歪了，到手的金牌弄丢了，记者称他为“最冏的人”。由此，这“冏”字从网络走向平面媒体，成了汉字中最有人气的字。

“冏”字死而复生，网民们大受鼓舞。他们发现，汉字中的“火” 字指物体燃烧时发出的光焰；两个“火”字为“炎”，指天气酷热；三个“火”字为“焱”，读音为“yàn”，指炫目的火光，常用于人名；四个“ 火” 字为“燚”，读“yì”，指热焰腾升。由此，网民们把“燚”字用来形容繁荣兴旺的景象。

还有网友把古代“梅”字的异体字“槑”字，看成是两个“呆”字的组合。一个“呆”字就够受了，两个“呆”字是“呆”上加“呆”，那真是呆傻透顶了。朋友们常打趣：“你别犯槑了”“最槑的办法”。“槑”字起死回生，成了当今的流行语啦。

jiǒng
窘

君王身陷坑穴中——窘

古代的"窘"字是个上下结构的形声字兼会意字，上面的"穴"字作形符，表示跟穴洞坑穴有关；下面的"君"字读"jūn"，作声符并会意。"穴"字与"君"字组合，指君王身陷坑穴中。因指的是君王陷入了坑穴当中，这与洞穴、坑穴有关，所以古人用"穴"字作"窘"字的形符。

古人为什么用"君"字作"窘"字的声符呢？

"君"是一国之主，是发号施令，贵为天子的帝王，若是陷入坑穴之中不能脱身，这种情况是多么困迫，多么难堪，多么尴尬，多么难办。所以古人用"君"字作"窘"字的声符并会意。

楷书的字形由小篆演变而来，写作"窘"。

"窘"字的本义指"处境困难急迫"，如十分困难而又无法摆脱的情况称"窘况"，受窘时的神态称"窘态"，十分为难的事称"窘事"，十分为难的处境困难称"窘境"。"窘"字由本义引申指"生活贫困"，如窘迫称"窘促"。十分贫穷困难，非常为难称"窘迫"；枯竭贫乏称"枯窘"。陷入为难的窘地称"受窘"。

小篆

窘
隶书

窘
楷书

“窘”与“困窘”

“窘”字作形容词用，指穷困，也指十分为难；作动词用，表示使其为难，如用话来窘他。有一个词叫“窘困”，作形容词用，《现代汉语词典》的解释是“困窘”。那么什么是“困窘”呢？

“困”有陷在艰难痛苦中的意思，也表示十分困难。“困窘”就是指为难或穷困。反过来，“窘困”也是这个意思。说起“困窘”一词，有段历史故事。

春秋时期，在诸侯列国中有个宋国。宋国派一个叫曹商的大臣到秦国去商谈一件事。宋国并不富裕，曹商地位也不算高，所以他出使秦国时随从只有四五人，乘了两辆车。

到了秦国，该谈的事谈妥，该办的事办完，秦王对此很满意。当曹商回国时，秦王竟赏赐他一百辆华丽的马车，让他带着这一百辆马车浩浩荡荡地回宋国。

当曹商的车队进入宋国的都城时，成千上万人挤在街头观看。曹商乘两辆车出国，现在竟有上百辆车马归来，大家都十分惊讶。

这天，曹商正巧碰到庄子，他又眉飞色舞地吹嘘起来：“夫处穷闾（lǚ）阨（è）巷困窘织屦（jù）者，商之所短也；一晤万乘之主而从车百乘者，商之所长也。”说罢哈哈大笑。

他这番话的意思是：我商某因家贫住在那狭小的巷子里，生活穷困窘迫，只好靠用麻葛编织鞋子为生，这是我商某太无能；可一旦与万乘大国的国君见了一面，就得到百辆车子的奖赏，这又是我商某的长处啊！”

庄子听了，皱起眉头，鄙视地瞄了他一眼道：“听说秦王近日患病，他召集一批人来治病。他规定，凡能治好他脓疮毒肿者赏一辆车；凡能为他舔好痔疮者赏五辆车；凡舔的部位越低，赏的车辆越多。你得了百辆车，看来你为秦王舔毒疮的部位很低很低吧？你如此下贱，还沾沾自喜，真不知人间有羞耻事！”

曹商遭庄子一阵痛斥，如丧家之犬般溜走了。

曹商在自我吹嘘时用了“困窘”一词，后人将这一词用来表示穷困窘迫，如今成了个常用词。

三股丝纠合在一起

jiū

纠

甲骨文

金 文

小 篆

糾

隶 书

纠

楷 书

甲骨文的“纠”字是个象形字，像藤蔓纠结的样子；金文大致相同；小篆将其文字化；隶变后楷书写作“丩”。“纠”字本义指“相纠缠环绕”。后来，这“丩”字作偏旁用，古人就在旁边加了个绞丝旁成“纠”，由它来担当“纠缠”之义。

不知何年何月，这“纠”字成了个形声字兼会意字，左边绞丝旁作形符，表示跟丝麻有关；右边的“丩”字作声符并会意，读“jiū”；综合起来是指用三股丝或麻等搓合成绳，所以“纠”字用丝作形符。因为“丩”字像两只相向的钩子，是制成绳的器具，有“纠合”的意思，而“纠”是由三股丝麻合成的，所以“纠”用“丩”作声符并会意。

“纠”字的楷书形体是由小篆演变而来的，写作“糾”，后简化为“纠”。

“纠”字的本义指“缠绕”。绕在一起称“纠缠”，争执的事儿称“纠纷”，纠缠不清的事情和纠纷称“纠葛”；互相缠绕称“纠结”。

“纠”字由本义引申指“集合”，集合或联合称“纠合”或“纠集”，这两个词多含贬义。

“纠”字由三股丝或麻搓合成绳，所以“纠”字又由绳引申为“依照一定的准绳去衡量，去矫正”。纠正错误称“纠错”，在群众活动中维持秩序的人称“纠察”，纠正偏向或偏差称“纠偏”，改正缺点、错误称“纠正”。

“纠”字也作姓氏用。

假秀才不知公子纠

中国的科举制度，从隋唐起一直到清朝末，前后延续1300多年，为治理国家选拔了一些优秀人才，也引得成千上万读书人为了功名利禄，寒窗苦读，一心要想从秀才考到状元，荣宗耀祖。在全国各地的秀才中，也有不少是通过考试作弊或金钱收买捞得的，这些人胸无点墨，只识得几个字而已，就如同今日不少人手持假文凭，到处招遥撞骗一样。

却说明朝嘉靖年间，无锡荡口镇有一富家子弟名叫钱文才，其父暗中使银子，给他弄了个秀才的名头，他就自以为是，到处以秀才自称。此人不仅不学无术，且不安分守己，常常惹是生非。

镇上有户人家欠他家一点债，还没到期，他就上门讨要，人家没理他，他便带着仆从，到县衙门告状。县官见状子写得文理不通，说话词不达意，且满口粗话，便怀疑他是个假秀才，便将状子丢到一边，说："债期未到，你来告状，我暂且不审。你既是秀才，想必熟读四书五经。今日本官问你，'桓公杀公子纠'一章如何说？"钱文才一听，傻眼了。他没读过经书，不知桓公与公子纠为何人，更不知桓公杀公子纠为何意。他反而误解为问的是不久前镇上发生的一桩杀人案。他当堂大声叫道："大人，小人只是讨债，实在不知道这杀人的事。"县官一听，驴唇不对马嘴，断定这是个假秀才，命衙役打他二十大板，将他逐出大堂。

钱文才摸着红肿的屁股，扶着仆人的肩膀，一瘸一拐地走出衙门，一把眼泪一把鼻涕地对仆人说："这县官太不讲理，说我阿公打杀翁小九，还打了我二十大板……"

"桓公杀公子纠"是《论语》章句，假秀才连这古时学童都熟知的句子都不知，他把"纠"听成"九"，还把这句话当成"阿公打杀翁小九"，你说可笑不？

jiū
阄

金文

小篆

阄
隶书

阄
楷书

揉成团的纸片——抓阄

“阄”字的繁体字笔画很多，现简化为两部分：外面是“门”，里面一只小乌龟。这是个形声兼会意字。“门”作形符，表示这个字与门有关，里面的“龟”字是声符兼会意。

“阄”字的本义是指“抓阄时卷起或揉或团的纸片儿”。

什么是抓阄儿？从古至今，有个风俗，或者说没办法的办法。这个办法就是将难以定夺的事，通过抓阄决定。从预先做记号的纸卷或纸团中，每人取一个，以决定谁该得什么东西或谁该做什么，也称拈阄儿。这不是人为规定的，很大程度上凭各人的运气，所以为大家所认可。

明白了什么是抓阄儿，再回过头来看“阄”字，就能明白古人造“阄”字的良苦用心了。

首先是“门”字，表示关起门来，不能让人知道，表示秘密，不公开，这就像事先写好的纸卷和纸团，不让人看到。

其次，“门”内是个“龟”字，“龟”，龟甲也，古人占卜用的是龟甲。“门”内一个“龟”字，明显有占卜和听天由命的意思。

听天由命，这就是抓阄儿，也是“阄”字的核心。

［瓦当欣赏］

秦汉瓦当

门下站着龟——阄

从前有个读书人，在县衙门当文书。他自认为识几个字，又有点儿权势，在邻里之间常作威作福，欺负别人。

有一天，这家伙站在新盖好的宅院大门下，对几个为他盖房的瓦工指手画脚，骂骂咧咧。这时，恰好有一个老者经过，见到这情景，就大声地问旁边的人："请问，知道'阄'字怎么写吗？"

几个忙得满头大汗的瓦工听了，不晓得老者什么意思，互相看了一眼，都没吭声。

这读书人想在人前装作才高八斗，立刻得意洋洋地回应道："这'阄'字不就是门下面一个'龟'字嘛。"

老者点头说："不错，门下面正站着一个龟！"说罢，哈哈地笑着走了。

瓦工们看看站在门下的读书人，一个个乐得前仰后合。读书人这才反应过来，原来老者是绕着弯子骂自己呀。

时运不济

jiǔ

九

甲骨文

金文

小篆

九

隶书

九

楷书

人的胳膊肘儿——九

“九”字笔画简单，只有两画，但对它的解释却有好几种。

有人认为，“九”字是个会意字。甲骨文的“九”字，是由两个曲形相交，表示这是一个数词。先民们认为，“九”是介于个位数的末尾和十进数的开头，所以用两曲交叉来表示，本义就是数词。

也有人认为，甲骨文的“九”字像两条绳交叉，并拐了两个弯，是个指事字。古人结绳记事，以此表示“九”这个数目。

还有人认为，在最早的甲骨文中，“九”字是个象形字。像什么？像人的胳膊肘儿。它的本义也不是表示数目，而是指人的胳膊肘儿。后来怎么会引申为数词的呢？因为古人造的数目字是从“一”到“九”，“九”是最终的数。而数到最终就会发生变化，所以就借用“肘”的弯曲变化的形状，来表示数目的“九”字，另外再造一个“月”字旁的“肘”字，表示手肘的意思。而原来的“九”字就专门用于表示数目了。

“九”是奇数中最大的数，所以在作为数词时，既表示定数，也表示虚数。用作虚数时，常表示多数，如九牛一毛、九死一生，都表示数量很大。由此又引申为表示极数，有至高、至大的意思，如九霄云外、一言九鼎。这里的“九”字，就有极远、极重的含义。

东晋 · 王羲之

从今莫把仇人靠——九

古代一些著名诗人，不仅写出了动人的诗篇，还写出了供人娱乐玩味的谐趣文字。这些文字，不仅有趣味，也有内涵，有的还寄托了作者的思想感情。

宋代有位女诗人，名叫朱淑贞，生于浙江杭州，善绘画，能写诗作词。她一生坎坷，早年被丈夫遗弃，孤独一人，苦度余生。临终前她作了一首《断肠诗谜》：

下楼来，金钱未卜；问苍天，人在何方？恨王孙，一直去了；

詈冤家，言去不回；悔当初，吾错失口；有上交，无下义；

皂何须问，分开不用刀。从今莫把仇人靠，千种相思一撇清！

在这首诗中，女诗人用减损字形的拆字法，每一句写一个谜语，每个谜底都是个数字，谜底依次是从“一”到“十”。

如“下楼来，金钱未卜”，将“下”字中的“卜”字去掉，这就是“一”。“问苍天，人在何方？”指“天”中的“人”字去掉，这就是“二”字。“从今莫把仇人靠”就是把“仇”字中的单人旁去掉，这就是“九”……

全诗构思奇妙，而且寓情寄意，既曲折委婉地表达了对丈夫不仁不义的愤恨，又表露了自己在与命运抗争中的无奈和幽怨。

这首诗情景交融，哀痛欲绝，读了令人落泪，几乎忘了是一首数字谜语诗。

［瓦当欣赏］

秦汉瓦当

用燃艾熏烤治病——久

jiǔ

久

金文

小篆

久

隶书

久

楷书

小篆的“久”字是个指事字。上面是个卧着的人，下面是一捺，这两个字形是指治病的一种方式。用燃着的艾烤灼或熏烤病人的某个部位，以此来治病或解除病人的疼痛不适。卧着的人表示病人躺在床上。下面的一捺表示用艾在熏烤人体，这就是“针灸”的“灸”字的本字。后来“久”字被假借为“长久”和“久”字，古人就在“久”字下面加了个“火”字，另造了个“灸”字来取代针灸的“灸”。

“久”字的本义指“灸灼、针灸”，后来假借指“长久”，如长时间的停留称“久留”，好久没见面了称“久违”，仰慕已久称“久仰”，好久、许久称“久久”，保持长久称“持久”，时间很长称“长久”，很久以前已经称“久已”，指距离某个时期或某件事情时间不远称“不久”，永远、永久称“恒久”，还有良久、耐久、许久、永久、悠久、终久等词。都是指时间很长的意思。

“久经考验”和“酒精考验”

官场的腐败，从表面现象上看，主要是贪污受贿、吃喝玩乐。说到“吃喝”二字，就不得不扯到“酒文化”这一新名词了。古时文人饮酒时喜欢吟诗作对，猜拳行令，各显文采，所以跟“文化”二字搭得上边。今人在酒桌上大多时兴讲段子，说笑话，要么就是谈生意、做交易，与“文化”二字相去甚远了。逢到这样的场合，就需要既能豪饮，又会说笑的人穿插其中，或前后张罗，活跃气氛；或插科打诨，为主人代酒。如若有酒量惊人，又含而不露的绝色美女陪酒，那这桌酒席，便是无比丰盛了。

却说苏北淮安某部门办公室副主任邱金贵，是特设的专职陪酒人，享受副科级待遇。凡有上级领导或下级来客，都由他作陪。一则为不胜酒力的领导保驾护航，二则为来客倒酒敬酒劝酒，使客人心情舒畅。此人年轻力壮，说到酒量，只有四个字：“久经考验”，外加括号注解：“酒精考验”。人们用汉字谐音，概括了邱副主任喝酒的历史和水平。

据当地人说，邱副主任喝酒如喝水，不知“醉”为何物，故有“酒鬼”之称。后来当了副主任，由鬼变成神，人称“邱酒神”了。

邱酒神神到什么程度？他在饭桌上曾讲过一个段子，说的是他在一次晚宴后回家路上，被一条野狗咬了一口，他追着野狗用脚踢，不料那野狗跑出没几步便倒下了。原来那野狗牙齿沾上了他的血，而他喝酒数十年，久经考验，血里酒精含量高，这野狗醉倒了。听者哈哈大笑，邱副主任也笑得喘不过气来。

如今，邱副主任真的喘不过气来了。他的肝脏无法承受酒精的长久考验，近日体检时查出，他已是肝癌晚期，住进了医院。不少人对他深表同情，建议将他按“因公负伤”处理。即便如此，对邱副主任又有多大意义呢？

叶子丛生的韭菜

jiǔ
韭

韭
小篆

韭
隶书

韭
楷书

小篆的“韭”字是个上下结构的象形字，也是个指事字。“韭”字的上半部是个“非”字，下面是长长的一横，这一字形，指的是叶子丛生的韭菜。上面的“非”字其形状就像又细又密的韭菜叶子。下面的一横指长韭菜的土地。

楷书由小篆演变而成，写作“韭”，其本义指“多年生草本植物”，叶子细长而扁，花白色，可做菜吃的韭菜。人们喜欢吃炒韭菜，其味鲜美，是夏日传统蔬菜。

“韭黄”是在黑暗、湿温条件下培育的韭菜，颜色浅黄，嫩而味美。

现在不少人写“韭”字时，往往习惯性地在上面加个草字头，写作“韮”，其实这并没错。原来的“韭”字确实是写作“韮”。这是因为“韭”字作了偏旁后，人们一度曾在上面加了个草字头将“韭”字作“韮”，以示区别。后来简化，仍然写作“韭”，这是规范的写法，不可以再加草字头写成“韮”。

如今“韭”字既可单用，也可作偏旁，是《说文解字》的部首。现今仍设“韭部”。凡从“韭”取义的字，都与细长的韭菜类植物等义有关。这些字笔划繁多，里面都带有“韭”字作义符，表明都与韭菜有关。

得卖"韭"黄

在笑话故事及文人掌故中，有不少是借汉字的谐音来表述的，若是缺了这些字的谐音，这个故事也就不存在，人们也笑不起来了。

宋朝大文学家欧阳修写过一本《归田录》，在这本书里，讲了许多生动有趣的文人雅事和文字故事，其中有一篇"得卖韭黄"尤为发噱（xué）。

故事讲的是当时朝中的一位大臣杨文公。此人办事严谨，从不马虎。他常告诫手下的几个文书，起草公文或奏章时，文字必须简练，切忌写些无关紧要，一味奉承，与内容无关的套话、费话。文书们听了，都点头称是，一定照办。

不久，杨文公亲自起草了一份公文，让文书去抄写。公文开头两句便是"伏惟陛下，德迈九皇"。这两句都是当时为皇帝歌功颂德的套话，如同对皇帝三呼万岁一样，属令人肉麻的词语。

有位文书读了，暗自好笑。他不忙抄写，跑去一本正经地问杨文公："大人，不知何时得卖生菜啊。"

杨公文听了，不由哈哈大笑，连忙说："好！好！将开头那两句删去吧。"

原来，杨文公听明白了。这文书说的"得卖生菜"，换句话说是"得卖韭黄"，"韭菜"又名生菜。"得卖韭黄"就是得卖韭菜黄。这四个字与"德迈九皇"四字同音。文书故意将"德迈九皇"曲解为"得卖韭黄"，以此讽谏，让杨文公在心照不宣的玩笑中愉快地接受了他善意的批评。

jiǔ
酒

甲骨文

金文

小篆

隶书

酒
楷书

水和坛子——酒

“酒”，是个会意字，也是个形声字，甲骨文的“酒”字，就是“酉”字，是个酒坛子的形状。

原来的“酉”字，是个酒坛子的形状。后来“酉”字假借为地支之名后，人们又在“酉”字的左边加上三点水，以表示酒是液体，也可理解为酒香四散。

不难想象，先民们把野果、高粱等谷物盛进“酉”这种尖底陶罐之中。这些有发酵性糖分的谷物，接触空气中的酵母和霉菌，就会发酵成酒。经过不断改良革新，人们又有意识地将谷物蒸煮后，连汤带水，存放进大型的陶罐中，这就酿成了酒香四溢的美酒。

人们喜欢喝酒，喝酒的用具、喝酒的场所、喝酒的人……与“酒”有关的词便多起来，如酒杯、酒席、酒店、酒鬼等。

“酒”，也是一个姓。

古文酒兴 酉同盂鼎

宋·苏轼《醉翁亭记》

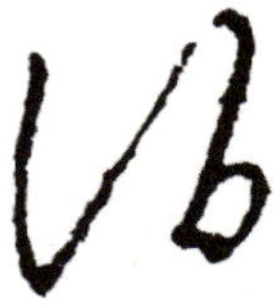
东晋·王羲之《澄清堂帖》

唐·李怀琳《绝交书》

父子作诗论戒酒

从古至今，有关酒的诗词，酒的文章，酒的话题，真是不计其数。

江苏汤沟号称酒乡。镇上有陈氏父子俩，真个是嗜酒如命。酒喝多了，除了伤身体，也误事儿，所以家人都劝他俩戒酒。父子俩也下决心戒酒，但都禁不住酒香的诱惑，戒酒不成。

这天，小陈的丈人来了，还自带了瓶茅台。如此美酒，怎能不喝？但在院子外面坐着的爷爷和在内屋忙着的小陈的老妈，都一再叮嘱："你们少喝点儿。"

为了给自己找个多喝几口的借口，老陈想了个主意，说："今天亲家来，不能不喝酒。但我得定个规矩，各人作首诗，开头结尾都得有酒字，作不好，就不能喝。"

老陈清清嗓子，一字一句道：

酒、酒、酒，左边三点水，
鱼在水中游，猫在岸上守，
除非猫儿不吃鱼，老夫今生不戒酒。

亲家赞许老陈的诗写得好，并打开酒瓶，敬了他一杯。酒香飘荡，引得小陈馋涎欲滴。他想了想说出自己的诗：

酒、酒、酒，三点加上酉，
妈妈在屋内，爷爷在外守，
除非爷爷不进屋，小子一世不喝酒。

老丈人听罢女婿的诗，连声说好，说罢，给他倒上一大杯。

且不说父子二人这两首诗的水平如何，就诗中提到的"酒"字来说，分析得很透彻。老陈说的是"酒"字左边三点水，引来鱼儿游，猫儿守。儿子说的是"酒"字右半边"酉"，"酉"字如房屋，有内外之分，引出爷爷不进屋。读来朗朗上口，上下衔接，合情合理，十分有趣。

违背心愿成灾祸——咎

jiù
咎

甲骨文

金文

小篆

咎
隶书

咎
楷书

对古代的“咎”字有两种不同的解读。

有人认为，甲骨文的“咎”字由“各”字和“人”字组成，右上角的“卜”字是“人”字形，不是“卜（bǔ）”。“人”和“各”组合在一起，其中的“各”字有抵触、相违和不顺之义，表示人的行动受阻，会有灾祸发生。后来的金文在甲骨文的字形上加了个病字旁，表示这灾祸便是疾病。小篆承接甲骨文，并使其文字化，隶变后的楷书写作“咎”。

“咎”字的本义指“灾殃，凶祸”。

也有人认为，小篆和楷书中的“咎”字是个会意字，这个字由“各”字和“卜”字组成。右上角的“卜”字读“bǔ”，是占卜之意。“卜”与“各”组合，表示占卜能预知各种灾祸。“咎”字的本义指“灾祸、凶祸”。此说颇有道理。因为古人相信占卜，而占卜的主要作用是预知祸福，而且是无所不知，这种“各”字的作用就突现出来了。

“咎”字的本义指“灾殃、凶险、祸害”，由本义引申指“过失、罪过”，如成语“引咎自责”“咎有应得”中的“咎”字，都是过失、罪过之义。

“咎”字也表示责备，如成语“既往不咎”，指已经过去的事，就不再追究责备了。

成语“咎由自取”，指遭受责备、处罚或祸害都是自己造成的。

“咎”字也作姓氏用。

咎由自取

汉字博大精深，神秘莫测。但细加分析，每一个字形音义的搭配，无不合情合理，让你心悦诚服。

却说河北李检察长接手一桩要案。河南高官刘正贪污受贿数千万，案情复杂，高院交由河北异地审理，李检察长亲自任专案组组长，审讯刘正。刘正大学本科毕业，著书立说，能言善辩，如今却三缄其口，只字不吐。李检察长决定先跟他谈谈心，给他一点警示。

李检察长挑个星期天下午，似乎是检察工作，路过刘正的监房，顺便进去跟他聊了起来。他随意地问道："听说你学的是古汉语专业，又是书法家协会理事。我字写得不好，但喜欢看《说文解字》，特别喜欢猜字谜听测字故事。从这点上讲，咱俩有同好。"

刘正抬头望望，笑而不答。李检察长毫不在意："昨天老同学到我家闲聊，给我猜几个字谜。第一个是'处方'，你猜是什么字？"刘政摇摇头。李检察长接着问："第二个是'出口处'，什么字？"刘正依然摇摇头。李检察长又道："第三个是'处理善后'。你猜什么字？"刘正依然摇摇头。

李检察长笑道："我想你是猜出来了。'处方'就是上面是'处'字，下面是一个方框'口'字，这是咎由自取的'咎'啊。'出口处'也指'咎'。'处理善后'重在'处'字和'后'字里的'口'字，也指'咎'。这三个字谜妙啊。"

刘正依然笑而不答。李检察长劝道："这'咎'字真值得你琢磨琢磨。你可以把这当做为你治病的处方，也可当做你从这铁门走出去重获新生的出口。当然啰，也可当做料理后事的暗示。何去何从，咎由自取。"

刘正脸色一惊，似有觉察，但仍然沉默。李检察长用手比划着写了个"咎"字说："这'咎'字就神奇呀，你是外省来的，把'外'字拆开，左边是'夕'阳的'夕'字，右边是生死未卜的'卜'字。下面加个'口'字是'咎'由自取，这么说来，你尚有一线生机。若是金口难开而去掉'口'，用横下一条心的一横搁在'外'字上，那就是死路一条的'死'。这也是咎由自取。"听到此，刘正脸色发白，额头出汗了。

长久患病——疚

jiù

疚

小篆的“疚”字是个形声字兼会意字，上面的宝盖头是形符，表示在家里或房间里；下面是个“久”字，这是声符，读“jiù”。这两个字形组合在一起，指“在屋子里给病人治病”。

因宝盖头有房子之义，所以“疚”字以宝盖头为形符。而“久”字则像一个人躺在病床上，用艾绒熏烤身体治病的形状，所以“疚”字用“久”字作声符并会意。

楷书的字形是由小篆演变而来的，变成了一个左上包围结构的形声字兼会意字。左上方的病字头是形符，表示跟疾病有关。在古文中，这个字形像人躺在病床上，下面的“久”字是声符，读“jiǔ”。因病人总是躺在床上休养的，所以用病字头作形符。而“久”字有时间长久之义，病人要经过很长时间才会治愈，所以“疚”字用“久”字作声符。这两个字形组合在一起，指“长期患病”。

“疚”字的本义指“长期患病”，一个人长期患病是十分痛苦的，所以“疚”字引申指“内心痛苦”，如因内疚而惭愧称“疚愧”，惭愧不安、十分内疚称“疚怀”，感到对不起人而痛苦不安称“疚歉”或“歉疚”，负疚的心情称“疚心”，负疚而自责称“疚责”，心中感到不安称“负疚”，内心感到惭愧不安和悔恨称“内疚”，内疚于心、疚心疾首都是内心痛苦的意思。

小篆

疚

隶书

疚

楷书

疚心疾首

近日，梁溪谜语研究会的会长马汉文，因血糖高，降不下来，医生建议到医院住几天，寻找一个好的治疗方案。周其良他们来看望，还出几个字谜让他猜，诸如“慢性病”“长期住院”被“久居病中”之类。老马说：“我没什么大病住这儿，占了床位，真有点内疚哩。”原来，这几个字谜的谜底都是“疚”字。

谈起“疚”字，老马说：“这两天，我正为‘疚’字揪心哩。”接着，他讲了一段让他内疚终生的事：

“我小学五年级时，有一天玩单杠，摔下来把脚崴（wǎi）了。同学们把我抬进医务室，年轻的殷老师用热水为我洗脚、按摩，忙得汗淋淋的，放学后，还背我回家。十四五岁的孩子，也有八十多斤重，他一路走走歇歇，好不容易把我送到家。在以后的十多天里，他天天到我家为我按摩、敷药，还用艾条为我熏脚，热烘烘的，很舒服。

“人常说，滴水之恩，当涌泉相报，但那时我只知道殷老师好，也无从相报。后来他调到一家工厂当厂医，我们再也没见过。

“十多年过去，我大学毕业，分配回无锡当教师。有一次在城中公园碰到外号叫“胡司令”的老同学，我问起殷老师的下落，他不屑地说：“他跟我在一个厂。别提他了，他奸淫幼女……”这番没头没脑的话，把我惊呆了。有时人的脑子真会进水。我信以为真了。后来我在好几个场合，远远地见过殷老师，但我没有上前相认。

“直到有一天，我在锡师附小幼儿园门口迎面碰上殷老师，不得不应酬几句。他是来接孙子的，我说：“好福气啊，子孙满堂……”

“殷老师苦笑道：“我没结过婚，后来就到福利院抱了个孩子。”后来我从别处一打听，方知“胡司令”在文革时当头头，他对厂医院的护士图谋不轨，被殷老师训斥过，这家伙怀恨在心，就散布谣言，使殷老师蒙受了不白之冤。究竟有多少人信以为真？不得而知。

“几天前听说殷老师去世了，我到他墓前作过忏悔。每当我想起对殷老师的咒骂和恶狠狠的眼神，我的心内疚得隐隐作痛。我这才体会到什么是疚心疾首……”

jiù

救

金文

小篆

救

隶书

救

楷书

使脱离灾难险境——救

“救”字是个左右结构的形声字兼会意字，右边的“攵”字是“攴”字，读“pū”，在甲骨文中是个象形字，像手持棍棒形，隶变后楷书写作“攴”，作偏旁时有的写作“攵”，本义为“击打”。在这儿表示出手援助，作形符。“救”字左边的“求”字读“qiú”，作声符并会意。

“求”字与“攴”字组合，指使人脱离灾难或险境。因是帮人脱离危难的困境，这跟出手相助有关，所以古人用“攴”字作“救”字的形符。

古人为什么用“求”字作“救”字的声符呢？

因“求”字有寻求和请求之义，陷于困境的人，常常会主动向别人发出迫切请求救援的信息，帮助自己摆脱困境。救援者也有应求而救之意。所以古人用“求”字作“救”字的声符并会意。

楷书的字形由小篆演变而来，写作“救”。

“救”字的本义指“援助、救护”，如拯救祖国称“救国”，拯救祖国危亡称“救亡”，援救称“救援”，拯救和援助称“救助”，帮助别人脱离危险称“搭救”，紧急救治称“急救”，使人脱离危险或困难称“解救”，在危险情况下迅速救护称“抢救”，请求援救称“求救”，设法援救称“营救”，得救脱险称“遇救”，自己解救自称“自救”。还有挽救、拯救、有救、补救、匡救、获救、扑救、救治、救星、救火、救荒等词语。

“救”和“不可救药”

“救”字作动词用，指援助使脱离灾难或危险。

有一成语“不可救药”。这里的“药”字指治疗，指病重得很，以致到了不可用药来救治。这里的“救”字指救治或救疗的意思。“药”字与“救”字组成“救药”一词，就是用药救治。“不可救药”也就有了不能用药来救治的意思。这一成语也用来形容某些恶人难以改过自新，无法挽救。

“不可救药”这句话，最早出现在距今两千八百多年前的周厉王时期。周厉王是个残暴无道的君王。当时有位老臣名叫凡伯，这是位为人刚正不阿、对朝廷忠心耿耿的忠臣。他多次向周厉王提出告诫，劝他要以百姓为重，实施仁政。但周厉王充耳不闻，他手下那帮奸佞小人更是兴风作浪，讥笑凡伯。凡伯很气愤，写了首诗，其有四句是：

匪我言耄（mào），
尔用忧（优）谑；
多将熇熇（hào），
不可救药！

这四句话的大意是：我虽年老，但一片忠心，你们这帮小人却戏笑我。你们作恶多端，已到了无法挽救的地步！

一切果如凡伯所说，在公元前842年，西周发生了大规模平民暴动，从此周王朝分崩离析，周王室也就渐渐衰落了。

“不可救药”这成语，便由此而来。后人以此来形容某些坏人不思悔改，无法挽救。也指严重的局势无法逆转。现在一般用来指无法改造的坏人。

达到极高——就

jiù

就

金文

小篆

就

隶书

就

楷书

“就”字是个左右结构的形声字兼会意字，左边的“京”字作形符，表示跟高台高丘有关；右边的“尤”字读“yóu”，作声符并会意。“京”字和“尤”字组合，指达到极高和特别高。因是指特别高或极高的程度，这跟“京”字有关。

在甲骨文中，“京”字是个象形字，字形像垒土为高丘，在高丘上建筑亭子和房屋，跟后代在最高的地方建瞭望哨相似。隶变后的楷书写作“京”，本义指“人工筑成的高丘”。《说文解字》的解释是“京，人所为绝高丘也”。因是指“绝高丘”，这与“京”字有关，所以古人用“京”字作“就”字的形符。

古人为什么用“尤”字作“就”字的声符呢?

甲骨文的“尤”字是个象形字。“又”字表示“手”。一斜画像手上有块小肉瘤，也就是小肉丁，通常说的“瘊子”，隶变后的楷书写作“尤”，本义为“赘疣”，引申指“特异和突出的、特别的”。“就”字也指“特别”和“极高”，所以古人用“尤”字作“就”字的声符并会意。

楷书的字形由小篆演变而来，写作“就”。

“就”字的本义指“特别高”，后假借指“靠近、凑近”，如：就近，避重就轻、按部就班；由上义引申指到、开始，如就地、就事、就位、就餐、就座；又引申指“伴随着吃喝”，如就汤下面、就着花生米喝酒；由上义又引申指“顺便、趁着”，如就手、就便、就势、将计就计；又假借指“完成”，如成就、造就、功成名就、一挥而就；还假借指被、受，如束手就擒、就歼；还表示即便，如就算我认错，他也不原谅我；也指“容忍”，如将就、迁就；也指“坚决”，如我就不服他！

各“就”各位

“就”字表示凑近，靠近；还用来表示到或开始从事，如就业、就位、各就各位；成语“各就各位”，指每个人都回到原先安排好的位置上去。这里的“就”，指就位，到自己应去的位置上去。

说起这一成语的出典，有段民间故事。

元朝末年，凤阳一带不是水患就是大旱，加上瘟疫流行，当地人纷纷外出逃荒。这天晚上，离凤阳城不远的皇觉寺，老方丈慧通正提灯笼在寺内四处巡查，只听守门的小和尚狂呼乱叫地奔过来：“不好了，寺庙失火了。”慧通抬头一看，果然前院火光冲天、热焰滚滚，映红了半边天。他忙呼喊徒弟们从后门逃跑。可众僧出了庙门回头一看，寺内却一片寂静，隐隐约约，听到有婴儿啼哭声。

慧通方丈领着众僧胆战心惊地到大门口一看，只见一位讨饭的妇人，坐在庙前的草地上，怀里抱着个刚生下的婴儿。

慧通方丈明白了，这孩子非等闲之人。既是佛祖送上门来的，即便是寻常人，也应尽力相救。于是他吩咐众僧收拾房间，点火煮粥，搭救这可怜的母子二人。

慧通给孩子取名一心。一心聪明过人，慧通收他为徒，教他识字，转眼七八年过去，一心识了些字，已能为庙里扫地抹桌子了。

一心一早起来，就清扫大雄宝殿。殿里的十八罗汉都端坐着。这天慧通正巧从窗外路过，只听一心对罗汉们轻声说：“我要打扫正殿，请各位出去一下吧！”

奇迹出现了，泥塑的十八罗汉一个个都活了起来，纷纷提腿伸腰甩胳膊地起身走了出去，吓得慧通方丈躲到角落里。不一会，只听一心大声喊道：“我打扫完了，你们各安旧位吧。”众罗汉听了，又规规矩矩各回原位。

慧通被眼前景象吓呆了。他明白，眼前这孩子不是神仙，就是将来的皇帝啊。果如他所料，这一心小和尚，就是大明王朝的皇帝朱元璋。

“各安旧位”这话流传下来，被误作“各就各位”。其实，“各就各位”更准确。细细品味，不是么？

jiù

舅

小篆

舅
隶书

舅
楷书

母亲的兄弟——舅

古代的“舅”字，是个上下结构的形声字兼会意字，下面的“男”字是形符，表示跟男性有关；上面的“臼”字是声符，读“jiù”。这两个字形组合在一起，指母亲的哥哥或弟弟。因兄弟都是男性，所以“舅”字以“男”字为形符。

古人为什么用“臼”字作“舅”字的声符呢？

古代的“臼”字是个象形字，字形像舂（chōng）米的器具，也就是现在农村仍可见到的石臼，大的石臼用来舂米，小石臼用来捣药、捣蒜。臼为舂米器具，米由臼舂出，而舅与母亲同出一源，都有“出”的意思，所以“舅”字用“臼”字作声符并会意。

隶变后的楷书写作“舅”。

“舅”字的本义指“母亲的弟兄”，如舅父、舅舅、舅爷、大舅、小舅、娘舅、姑舅等，都指母亲的弟兄。

“舅”字又指妻子的弟兄，如妻子的弟兄称“舅子”或称“妻舅”，妻子的弟兄的妻子称“舅嫂”。

“舅”字还指丈夫的父亲，如舅姑。

男子和他妻子的弟弟合称“郎舅”。

岳父也称“外舅”。

“吴九”喊成“五舅”

在汉字中，有许多字或词读音相同或相近，人们把这称之为“谐音”或“谐声”。谐音这一现象，为对联、歌谣乃至文字游戏，提供了创作的便利，于是，民间就流传着许多令人捧腹大笑的笑话故事。

却说明朝洪武年间，江苏句容茅山脚下，有位姓吴的农夫，因家里田少人多，便将一块荒地，经几年开垦种植，变成了一座果园。每年桃子挂满枝头，运到城里，能挣不少钱。

吴家的日子一天天好起来，这引起了同村李财主的妒嫉，他说这块果园有他一份，要求两家平分，吴家断然拒绝。李财主跑到县衙门，状告吴家霸占良田，请县令主持公道，要吴家退出果园……

县令派差役下乡，传唤吴家到县衙受审。吴家老大跟随差役进城。到了县衙门口，差役盘问吴老大姓名，好到大堂汇报县令。吴老大是个聪明人，他心生一计，告诉差役：“小人姓吴，在家排行老九，人称吴九……”

差役上堂通报后，县令开始审案。县令喊了李财主姓名后，接着又喊：“传吴九上堂！”

跪在堂下的李财主一听，顿时呆住了。他把“吴九”听成了“五舅”，什么时候吴家成了县太爷的五舅？难怪吴家敢顶撞他，一点儿也不怕打官司啊。这下，李财主心虚了。他自知理亏，连忙磕头作揖说：“既然是大人五舅，小人就不与他相争了……”

县令听了，一头雾水。多一事不如少一事，既然原告表示不再相争，本着民不告、官不究的惯例，就此结案吧。他随即将惊堂木在案桌上猛地一拍，大声宣告：“退堂！”

靠茶几而坐——居

jū

居

甲骨文

金文

小篆

居

隶书

居

楷书

金文的“居”字是个会意字，像一个头戴虎皮帽子的人，身子倚靠着茶几或小桌子坐着，意为人靠着茶几或小桌子在休息，表示这里是居住的地方。

小篆的“居”字也是会意字。它由“尸”字和“古”字组合而成。“尸”字指端坐着的人，这“尸”字不是指死人的尸体。古代的“尸”字是个屈膝而坐的人形，是古时坐在那里代死者接受祭祀，象征死者神灵的人，大多由死者的下属或晚辈充当，并非死者，后来用牌位或画像代替。这儿的“尸”靠着茶几，表示古代传下来的原始坐法，即叉开两腿像簸箕一样的坐姿，是当“簸箕”讲的“居”。“居”字由“尸”与“古”相组合，表示自古传下来的一种原始坐法。

楷书的字形由小篆演变而来，写作“居”。

“居”字的本义指“坐”。

“居”字由本义“坐”，引申指“住所”，如故居、居所、居民、邻居、迁居、新居等；由上义引申指“住”，如居住、居家、分居、共居、同居等；由上义又引申指“在某种位置”，如居前、居间、居里、居中、退居、居高临下、后来居上。

“居”字又引申指“积蓄、储存”，如居心、居奇、居积、居心叵测、奇货可居。由“住”字又引申指“固定、停留”，如居留、居停；又假借指“当、任”，如居功自傲、以名家自居。

“居”字也作某些商店的名称，如六柳居、同和居。

“居”字也作姓氏用。

居然天上客——局

“居”字本来的意思指古代人传下来的一种原始坐法，即叉开腿，像簸箕一样的坐姿。后来指清闲时的坐姿，由此又引申指“居住”。“居然”二字作为副词，表示“出乎意外，竟然”。“居”字，也用于某些商店的名称，特别是饭馆的名称。

这里讲个跟“居”字相关的对联故事。

清朝乾隆年间，北京城前门大街有家“天然居”酒家。乾隆常微服出游。这天，乾隆来到天然居酒家。他仰头看看店名，进门后向楼上走去，一步一层楼梯，嘴里吟诵着，不由想到一上联，但尚未成句。

乾隆是位吟诗作对的高手。他坐下，点了几道菜，要了一壶酒，边饮边斟酌，终于成一上联：

客上天然居，居然天上客

在对联创作中，这属于回文联。它利用词序往返回复，顺读、倒读，均通顺流畅，意思仍然完整，如一壶好酒，细细品尝，别有风味。乾隆对这上联十分自赏，但一时对不出下联，连喝酒也觉寡味了，便匆匆离店，回到宫里，马上令人传旨，让大学士纪晓岚来见。

纪晓岚匆匆赶来，以为皇上有什么要事。乾隆将这上联一说，纪晓岚这才松了口气，他想了想，对乾隆说：“不知皇上还记得否，上月臣陪皇上游大佛寺，此事稍作梳理，可成下联。”

乾隆道：“你给朕梳理成句，何必卖关子？”

纪晓岚连忙赔罪：“臣一时没想好——有了，‘人过大佛寺，寺佛大过人’，如何？”

乾隆顺读、倒读几遍，连声称妙。又道：“朕特地将你召来，你总不见得就这一联吧？”

纪晓岚一听，急得头上冒汗了，但这位大学士有的是“急才”。情急之中，他想到游云隐寺时的情景。他稍作推敲，便道：“皇上，有了——‘僧游云隐寺，寺隐云游僧’，如何？”乾隆一思索，连说：“妙！比上联妙。‘寺隐云游僧’，真乃飘飘欲仙也。”

说话有所限制——局

jú
局

古代的“局”字是个会意字，由“口”字和“尺”字组成。“口”字表示说话，“尺”字表示规矩、法度，合起来表示说话有所限制，“局”字的本义指“闭口不说话”。

也有人认为，古代的“局”字是个会意兼形声字，以“口”作形符，表示与嘴讲话有关。“尺”为声符，读“chǐ”。因“尺”有规矩法度的意思，而“口”表示讲话。祸从口出，为免招灾惹祸，所以“局”以“尺”为声符，表示以规矩来约束口，不要随便讲话，本义指“拘束、限制”，如局促、局限。

“局”字由本义引申指“形势、情况、状况”，如局面、局势、大局、格局、变局、结局、搅局、全局、时局、战局、危局、败局、终局。

“局”字由形势引申指“棋盘和各类比赛”，如布局、残局、对局、和局、平局。

“局”字，由上义又引申指部分，如局部、分局、局内、局外。“局”字，借指人的心胸器量，如局量、器局。

“局”字，又假借指“机关单位的名称”，如公安局、财政局、邮电局。

“局”字，也指某些聚会，如饭局、赌局。

“局”字，也指某种圈套，如骗局。

“局”字，也指某些商店名称，如书局。

“局”字，也作姓氏用。

金文

小篆

隶书

楷书

怒斥公局

什么叫“公局”？据史记载，我国自宋朝开始，一直到明清年间，各乡镇都有“公局”这一机构。特别是广东、广西一带，各乡都设一个“公局”，公举当地一些有地位、有名望的绅士，在局里处理事务，遇到乡人有什么争执的事，都由公局的绅士来议断。

看来“公局”是乡镇一级的民间机构，不过权力不小，能代替政府行事。这里的绅士良莠不齐，有善人，也有劣绅。劣绅多了，便会办坏事，把为民排忧解难的“公局”，变成欺压百姓的工具。清朝末年，广东虎门的公局，便由恶人把持，成了鱼肉乡民、残害民众的团伙。

却说有位姓何的读书人，受尽欺凌。他气愤不过，写了副对联，趁夜深人静，贴到公局的大门上，当晚便带着妻儿远走他乡了。

这副对联是这样写的：

八面威风，转个弯私心一点；
大模尸样，匀入去有口难言。

这副对联，将“私”字的本字“厶”与“八”字合成“公”字。因为在古代“厶”字就是“私”字，也就是转个弯加一点，成私心的“厶”，再与“八”合而成“公”。

下联中嵌尸、勹、口三个字，合并成“局”字。上下联暗含“公局”二字，又痛斥了把持公局的人以权谋私，使人有冤无处申的恶行。

【瓦当欣赏】

秦汉瓦当

常绿带刺的橘树

jú
橘

“橘”字是个左右结构的形声字兼会意字，左边的木字旁为形符，表示跟树木有关；右边的“矞”（yù）字作声符并会意。这两个字形组合在一起，指常绿带刺的橘树。

古人为什么用“矞”字作“橘”字的声符呢？因为“矞”字有以矛穿刺的意思。而生长橘子的橘树，是一种常绿乔木，树枝上多尖刺。而“矞”有尖锐戳穿的意思，所以“橘”字用“矞”字作声符并会意。

楷书的“橘”字是由小篆直接演变而来的。

“橘”字的本义指“橘树”。

橘子树，属常绿乔木，树枝细，通常有刺，叶子长卵圆形，果实球形稍扁，果皮红黄色，果肉多汁，味酸甜。果皮、种子、叶子都可入药。橘子树的果实称“橘子”，也称“橘柑”。还有福橘、金橘、蜜橘、越橘等品种。

“橘”字作形容词用，像红色橘子皮那样的颜色称“橘红”。

橘
小篆

橘
隶书

橘
楷书

朱元璋送"橘"子

朱元璋是大明王朝的开国皇帝。有关他的传说和故事，数不胜数，真假难辨。其中火烧功臣楼的故事，恐假中有真。历代帝王，大都这样，一旦做了皇帝，便担心他人觊觎（jìyú）皇位。而有篡位野心又有夺权实力的，就是身居高位的重臣，于是便有鸟尽弓藏、兔死狗烹、杯酒释兵权，乃至火烧功臣楼这类宫廷闹剧了。

朱元璋是个文化不高，但又显得很有文化的人。有关他猜谜制谜，写诗作对联的故事都很精彩。此人很有计谋，比别人想得更深远。他不仅要防外姓篡权夺位，也担心自己儿孙内部互相争斗。皇位只有一个，只能按他的旨意谁来接位，不能内乱。

朱元璋有好几个儿子，其中有位小王子，据说文韬武略，甚是了得。但他是妃子所生，立他继承王位是服不了众的，反而会引起大乱。再说，这孩子究竟如何？朱元璋心中没底，于是，他想亲自考察考察。

这天，朱元璋假借与众王子闲聊，特地把小王子留下，跟他在王宫的内城墙上散步。他试探性地问："皇儿，朕今日考考你。皇城固若金汤，易守难攻，你有什么看法？"

小王子巡视四方，指着不远处的紫金山说："依皇儿之见，在紫金山架炮，轰塌城墙，指日可待。"朱元璋听了，大惊失色。暗想这小子留着，必有大患啊。

当晚，朱元璋派太监给小王子送去一只橘子。小王子将橘子放在手里抚摸了半晌，心中明白了。他趁宫门未关，无人觉察，悄悄溜了出去，从此人间蒸发，没了踪影。

其实，这是个字谜故事。朱元璋是制谜老手。他送橘子，是因"橘"与"绝"谐音。"橘子"暗含"绝子"之义，意为绝了你这儿子，大有断绝父子关系之义。小王子心领神会，便三十六计，走为上策了。

用嘴细品食物——咀

jǔ
咀

古代的“咀”字是个左右结构的形声字兼会意字，左边的“口”字是形符，表示跟人的嘴巴有关；右边的“且”字读“jǔ”，作声符并会意；“口”字与“且”字组合，指把食物放在嘴里，用牙细细地磨碎品味。因是指用牙咬嚼食物，这跟嘴巴有关，所以古人用“口”字作“咀”字的形符。

古人为什么用“且”字作“咀”字的声符呢?

甲骨文的“且”字是个象形字，与“祖”和“俎”字同源，字形像雄性生殖器，是先民生殖崇拜的体现。古人另加“示”字写作“祖”，表示祭祀祖先；“俎”字表示在生殖器旁边多加两块肉，意为在神祖前的几案上置放牛羊肉等祭品进行祭祀，这个字读“zǔ”。本义指置放祭祀礼器。

“且”字的本义是“雄性生殖器”，引申为“祭祀的礼器”，又引申表示“祖先”，后来又借用作虚词，读“qiě”，这就是“并且”“而且”。讲这么多，就是要说明“且”跟祭祀祖先用的牛羊肉等祭品有关。这些都是美味，要在口中细细品味，所以古人用“且”字作“咀”字的声符并会意。隶变后的楷书写作“咀”。

“咀”字的本义指“品味食品”。

“咀”字由本义引申指“细嚼”，用牙齿磨碎食物，称“咀嚼”，也用来比喻对事物反复体会，如诗句的意境，耐人咀嚼。

“含英咀华”，比喻仔细品味诗文的精华，这里的“咀”字指细嚼，“英”“华”指精华。

“咀”字也读“zuǐ”，是“嘴”字的俗体字。

咀
小篆

咀
隶书

咀
楷书

漫谈“嘴”与“咀”

无锡梁溪谜语研究会美名远扬，跟台湾香港谜语界的朋友多有交流，跟海外华人中的谜友也是往来不断。

这天，梁溪谜语研究会的同仁们在会长马汉文家聚会，接待远道而来的香港谜友郑先生。

老马为尽地主之谊，亲自下厨烧了盘红烧狮子头，还特地买来只南京盐水鸭。郑先生对这两样菜反复咀嚼，赞不绝口，还由衷地说：“这下我才懂，吃美食与读好文章，为什么要用‘咀嚼’这个词了。”

老马解下围裙，以行家口吻说：“美食要色香味俱全。重在味。味道要用嘴和舌来品尝，所以‘品’字要用三个‘口’才品得出来。‘品’的时候要用牙细嚼，让味儿浸入到牙根里去。”

赵振南说：“‘咀’指在嘴里把食物咬碎磨烂，所以‘咀嚼’就是品尝玩味。读文章也是啊，把一个个文字当作美食咀嚼品尝玩味，这样才能品出一篇好文章的妙处来。”

小陶不好意思地说：“我想问问郑先生，去年去香港到府上拜访，府上住在尖沙咀，这个‘咀’字怎么能当地名呢？”

郑先生说：“很多搞文字的人都提出过这个问题。香港和广东一带，不止一个尖沙咀，还有南家咀、东咀等地名。尖沙咀顾名思义应是九龙关岛伸向海中央尖尖的像嘴的沙地。我认为，这儿的‘咀’有‘喙’的意思。鸟的嘴细而尖，称之为喙（huì），这是取其形似吧？”

赵纪方道：“这个‘咀’字读“jǔ”，表示嚼，也读“zhuǐ”，是‘嘴’字的俗体字。简化汉字时，曾经把‘咀’字用作‘嘴’字的简体字，在当年试用期间，有不少专家学者提出，‘嘴’跟‘咀’是大不相同的。”郑先生道：“是啊。‘咀’与‘嘴’在粤语中同音，但在普通话里是读‘jǔ’，而且‘咀’指咀嚼，不同于‘嘴’，‘咀’是含在嘴里细细品味的意思。”

周其良道：“对呀。一个地名不大可能用动词来称呼的。咀嚼、玩味、品尝、奔跑、运动之类能作地名吗？若这样，沙尖咀就有把沙子含在嘴里咀嚼的意思了，岂不成了笑话？”

jǔ

举

金文

小篆

舉

隶书

举

楷书

两人向上托一物——举

小篆的“举”字，原来笔画极多，像个复杂的图案，但经一分析，也很简单。这是个上下结构的形声字兼会意字，上面是个“舆”字，读“yǔ”，作声符并会意；下面是四只手，作形符；四只手与“舆”字组合，指两个人相对托起一重物。因是用手托起重物，所以古人用“手”字作“举”字的形符。

古人为什么用“舆”字作“举”字的声符呢？

甲骨文的“与”字是个会意字，字形像两手将一物交给另外两只手，也就是一人将一物交给另外一个人，这表示“给”，有赐予的意思。两人共举一物，有财物共有或赐予财物之义。因与有赐予与共同之义，所以古人用“与”字作“举”字的声符并会意。

小篆的字形由金文演变而来。楷书的字形由小篆演变而来，写作“舉”，现简化为“举”。

“举”字的本义指“向上托起”，如端起酒杯称“举杯”，迈步称“举步”，抬起眼睛看称“举目”，还有举手、举重、挺举等词。“举”字由本义引申指“行为、动作”，如举动、举措、举止、举债、创举、善举、豪举、大举、壮举、多此一举、不识抬举。

“举”字还引申指“兴起、发动”，如举办、举事、举义、举行、百废待兴；由此又引申指“推荐、推选”，如举荐、推举、保举、选举等词；由上义又引申指“提出、揭发”，如举报、检举、举例、列举、举不胜举；举字还假借指“全部、都”，如举世闻名、举国欢庆、举座皆惊、举家出游。

举棋不定

“举”字是个动词，本义指“往上托、往上抬、往上伸”，如举手，举着旗帜；还有举动、兴起、提出、推选等意思。有个成语叫“举棋不定”，比喻做事犹豫不决。凡会下象棋或围棋的人，对这一成语都有深切的感受。

北宋大政治家、大文学家王安石，今江西抚州人，庆历年考中进士，开始任地方小官，后被宋江神宗特别提拔为参知政事，第二年拜为宰相。他极立主张革除弊政，实行变法，但以司马光为首的旧党的反对，变法失败。王安石罢相后，住在南京钟山脚下的半山园，在此著书立说，度过晚年。

王安石一生痴迷于围棋，棋艺精湛，是位围棋高手。他下棋有个特点，落子很慢，往往一手举着棋子，要思考很久才放下。这天，王安石跟信持大和尚下了四个时辰，进入最后收官时，王安石为最后一子，举在手里老半天，还是难以落下。他殚精竭虑，思考了很久很久。住持大和尚担心老相公思虑过度，会引起身体不适，便打趣道：“老相公，老衲今日有一谜语，不知老相公是否猜得出？”

王安石是个制谜猜谜的行家，他一听来了精神，放下棋子问：“你且说说，我来猜猜看！”大和尚念道：

彼亦不敢先，此亦不敢先。惟其不敢先，是以无所争。惟其无所争，故能入于不死不生。

王安石听罢，微微一笑，捏着棋子，举起右手道：“你在说老夫举棋不定啊。”

说罢，两人抚掌大笑。因为这谜面生动地描绘了王安石举棋不定的神态和心态。特别是连说两遍“惟其”二字，这是谐间暗指“围棋”啊。

王安石只活到六十五岁便去世了。晚年罢相，政治上不得志，忧愤成疾，过早离世，这是一个原因。也有研究王安石生平的专家认为，王安石痴迷于围棋，下棋没有节制，用脑过度，损害了他的健康，这也是他早逝的一个原因。如此说来，举棋不定，就是他早逝的原因之一吧？

用力夯筑力气大——巨

jù

巨

甲骨文

金文

小篆

巨
隶书

巨
楷书

金文和小篆的“巨”字与“规矩”的“矩”字同源，是同一个字，都是会意字兼象形字。字形像一个成年人，一手拿着“杵”在夯筑土墙。“杵”字读“chǔ”，指舂（chōng）米的工具。古代“断木为杵，掘地为臼（jiù）”，“臼”就是舂米的石臼。“杵”也用来夯实墙基，有夯筑之义。成年人力气大，举得动杵，故引申为“巨”，表示大。建筑有一定的法则与规则，这“巨”字又被引申指“法则、规则”。后来古人为了使表义清楚，不混乱，古人就对这两个意思作了分工：“巨”字专门表示大，即巨大。另加义符“矢”字，即可作用来测量高低的“箭”，即“矢”字来表示按规矩办事，这就是“矩”。“矢”字在“高矮”的“矮”字中就是派的这个用场。古人这么一分工，“巨”字就和“矩”字分家了。

隶变后的楷书分别写作“巨”和“矩”。

“巨”字的本义指“大、很大”，如巨大。很大的变化称“巨变”，很大的数额称“巨额”，很奸猾的人称“巨奸”，在科学、文学、艺术等方面有杰出成就的人称“巨匠”，大家族也称“巨族”，困难而繁重称“艰巨”。还有巨著、巨细、巨星、巨型、巨头、巨富、巨擘（bò）等词。

“巨”者，不臣之象也

民国年间，南京夫子庙文德桥头摆测字摊的胡铁嘴，是位测字高手，他有位忘年交，是大石坝街茶叶店老板徐文才。此人是他的至交，用现代词汇说也是“中间人”“介绍人”或是“线人”。间或有些事不便明说，均由徐文才暗示，胡铁嘴再以测字方式，达到化解矛盾、消除误会或是成全好事的目的。

这天，徐文才来闲坐，唉声叹气，胡铁嘴问何故如此，徐文才说：“近日我的大舅子在家犯怪。他本在一家中药店当员工，可他不甘当下手，硬要回到自家茶叶店当经理。老丈人是现任经理，坚决不同意。大舅子闹着要分家，另外，夫妻不和，大舅嫂长住娘家……”

胡铁嘴说：“你叫他来测个字，我劝劝他。这人心高气傲，我杀杀他的霸气……”

过了几天，徐文才领着大舅子来见胡铁嘴，说要测个字，看看创新业，吉凶如何。胡铁嘴不经意问：“创什么业？”

徐文才努努嘴：“我大舅子要从药店跳出来，跟我一样回家开茶叶店。”

胡铁嘴拿出字袋，叫大舅子摸个字，一边叽咕道：“开茶叶店和开‘藥’（药）店虽说都是草头木尾，头尾相同，但当中一个以‘人’为主，不大一样啊。”说着，接过大舅子摸出的“巨”字，又提笔写了个“巨”字，边写边说：“这‘巨’字看相不好哇。你看，‘巨’字像‘臣’字，但又不是‘臣’字，这就叫‘不臣’之象。‘不臣’，就是不像个臣，不是个忠臣，说明你野心巨大，不安分守纪。再看看这‘巨’字，极像叵（pǒ）字。‘叵’者为不可之意。居心叵测，不甘在人之下，总想自己当家去管理他人，而自己呢，又没这能耐。”

大舅子低头不语。胡铁嘴又道：“这‘巨’字大缺口里套小缺口，说明你家两口子不和，恐这是眼前大事，胜于创业换行当。再说，这大缺口里套小缺口，说明你将来支出大于收入。入不敷出，穷日子在后头呢。”

此话一出，吓得大舅子额头冒汗，不敢再提分家的事儿了。

jù

句

甲骨文

金文

小篆

句

隶书

句

楷书

用钩子钩东西——句

甲骨文和小篆的“句”字是个象形字，它们的形状虽有不同，但看起来都像用弯曲的钩子在钩一样东西，所以“句”字的本义是“用钩子钩东西”。

“句”字可能当中有个“口”字，跟说话有关，所以后来假借能表示一个完整的意思，也就是一句话说完了。

“句”字派作这个用场后，原先表示用钩子钩东西的意思，就由新造的“勾”字代替。“句”字，则专门用于表示句子，如语句、词句、造句。

也有人认为，甲骨文的“句”字是个形声兼会意字，以“丩”作形符，以“口”作声符，而“丩”是“纠”字最初的字形。凡物纠缠在一起就前进不了，只能停止，所以用“丩”作形符，又因“口”除吃饭、说话之外，常常是闭着的，“句”用这一“闭合”的意思，以“口”作声符并会意，所以“句”的本义指“一句话说完了需要停止”。这与上面的说法是吻合的。

“句”字，也作量词用，如三句不离本行，我批评他几句。

与“句”字相关的词还有句号、句法、单句、复句、警句、名句、句子成分等。

元·张雨《三希堂法帖》

明·王守仁《三希堂法帖》

唐伯虎问路——句

明朝年间，江南有位才子，名叫唐寅，大号唐伯虎。

唐伯虎最喜欢游历山水，结交朋友。这一天，正在徐州游览的唐伯虎，听说在云龙山下的放鹤亭边，隐居着一位高人，于是他马上带着书童前去拜访。

当主仆二人来到云龙山前的一条岔路口时，他们不禁糊涂了，搞不清该走哪条路才可到达放鹤亭。正在这时，一位婀娜多姿的少女款款走来，唐伯虎急忙上前行礼，请她指路。谁知这位姑娘是个老学究的女儿，遵守父训，坚决不与陌生男人搭讪。只见她嫣然一笑，拾起一根树枝，在地上写了个“句”字，马上头也不回地走开了。

唐伯虎望着地上的字，发了一会儿呆，突然一拍巴掌，连声称赞道：“才女，真是个才女！”

书童不晓得是怎么回事，急得直抓后脑勺。过了一阵，唐伯虎才慢慢解释道：“句”乃是“向”字左边去掉一竖，意思是向左一直走。

就这样，唐伯虎根据姑娘的指点，顺利地找到了在放鹤亭边隐居的高人。

双手捧鼎备酒席——具

jù

具

甲骨文

金文

小篆

具

隶书

具

楷书

甲骨文的“具”字是个上下结构的会意字。上面是个“鼎”字，表示装食物的器具，下面的“廾”字读“gǒng”，是两手相对拱举有所奉的样子，表示两手捧物的意思。用在这儿指两手举鼎，供设酒食之意。金文的字形由甲骨文演变而来，将“鼎”字变为“貝”字。小篆的字形承接金文，并使其整齐化，将“鼎”字变为“目”字。隶变后楷书写作“具”。

“具”字的本义指“供设酒食”，也指“酒食饭菜”。后来由供设酒食饭菜，引申指“备办、准备”，如具有、齐备称“具备”，很明确、不抽象、不笼统称“具体”，别具匠心、别具一格等都指具备、具有的意思。

“具”字由本义引申指“物品、工具”，如餐具、炊具、刀具、道具、茶具、灯具、机具、家具、教具、量具、面具、模具、器具、玩具、文具、刑具、用具、渔具、雨具、坐具等都指物品或工具。

“具”字假借指“办理、写出”，如找人担保称“具保”，在文件上签名称“具名”。具文、具结都有“写出、办理”的意思。

“具”字也指“才能、才干”，如“才能”也称“才具”。

“具”字也作量词，如一具尸体。

因讲“具”字遭残杀

在封建社会，人的姓名往往会在迷信的基础上，加上一层政治礼教的色彩，对帝王、圣人、祖先之名做了种种避讳的规定。有些人挖空心思，在人的姓名上大做文章，使得人的姓名更增添了神秘恐怖的力量，稍有触犯，轻则遭处罚训斥，重则充军杀头，灭门九族。

历代帝王，都认为其地位是至高无上，不容任何人冒犯的。百姓对帝王、帝后及其祖父母姓名要回避，不能用与帝王相同的字为名。遇到与其名字相同的人名、事物名也得回避更改。

一般帝王，都是为自己的名字讳。汉高祖刘邦讳“邦”字，就改为“国”；汉武帝刘彻讳“彻”字，就改为“通”；汉光武帝刘秀讳“秀”字，就改为“茂”；唐高宗李治讳“治”字，就改为“理”等。

有些帝王的避讳十分怪谲（jué）。公元345年前后，正是十六国时期。前秦淮南王苻生，是个勇猛强悍又狂暴的人。此人幼时顽皮，瞎了一只眼，他的祖父苻洪不喜欢他。有一次，当着众人的面，祖父指着他的瞎眼说：“听说瞎儿只有一只眼流泪，果真如此么？”苻生听了立即抽出佩刀，刺向瞎眼，指着滴滴答答淌下的鲜血对祖父吼道：“看，这就是瞎眼流下的眼泪！”在场的人吓得魂飞魄散。

苻生后来夺得政权，当了前秦国主。试想这么一个凶狠残暴的人，如若犯了他的忌讳将是什么下场？

苻生瞎了一只眼，人称“独眼龙”，因此他讳少、无、缺、伤、残、毁、偏、只、不足、不具等字词。如手下人无意犯了讳，就受抽筋、锯颈、剁脚、破肚、割舌等种种酷刑，直至惨死。

据史料记载，有一次，苻生见太医程延正在为他煎药，便问：“这药里该放多少人参？”程延正一门心思煎药，随口答道：“虽大小不具，自可酌定。”意为用量多少，也没具体规定，自己掌握。哪知苻生听了，勃然大怒。“具”字有“具体、完备、具全”之意，这不是说他瞎了一只眼不完备、不具全，是个“独眼龙”吗？他下令先将程延双眼凿出，然后将他乱棒打死。

jù
俱

甲骨文

金 文

小 篆

俱
隶 书

俱
楷 书

多人同做一件事——俱

“俱”字是个左右结构的形声字兼会意字，左边的“单人旁”作形符，表示跟人有关；右边的“具”字读“jù”，作声符并会意；“人”字与“具”字组合，指许多人同做一件事。因指的是多人同做一件事，这跟人有关，所以古人用单人旁作“俱”字的形符。

古人为什么用“具”字作“俱”字的声符呢?

甲骨文的“具”字是个会意字。上面是个“鼎”字，表示煮食物的器具；下面是两个“又”字，表示双手举鼎设酒食之意。金文将“鼎”字简化为“貝”字。篆文使其整齐化，“鼎”字又变为“目”字。隶变后的楷书写作“具”。“具”字的本义是“供设酒食”，也指“酒饭”；后引申指“备办、准备”，也指“备办的器具、工具”；进而引申指“具有、具备”；又引申指“完备、详尽”。这个“具”字在“俱”字中表示众人共同、偕同一起参与。所以古人用“具”字作“俱”字的声符。

楷书的字形由小篆演变而来，写作“俱”。

“俱”字的本义指“多人共同做一件事”，后引申指“共同、都、全部”之意，如成语百废俱兴、两败俱伤、面面俱到、声泪俱下、泥沙俱下、万籁俱静、一应俱全、声色俱厉、万事俱备、与日俱增、心胆俱裂、玉石俱焚、人琴俱亡、人赃俱获等，其中的“俱”字都是指“全部、都、共同”之意。

“俱”和“两败俱伤”

“俱”字作副词用，表示全，也表示都，如成语“两败俱伤”，指斗争的双方都受到很大的损失和伤害，这里的“俱”，就是指“都”和“全”。说起这一成语的出典，有段历史故事。

这则故事出自《史记•张仪列传附陈轸（zhěn）》。

战国时期有位纵横家名叫陈轸，在当时很有名气。据《史记》记载，战国时期，韩国和魏国爆发了战争，打了一年多，仍然没有决出胜负。

秦国国君秦惠王准备从中干涉，但拿不定主意。这时，在楚国任职的陈轸，正巧出使到秦国。秦惠王知道陈轸是个很有才学的人，就虚心地向他求教，并讲了想干涉韩魏相争的事。陈轸听了，没有从正面回答他，而是对秦惠王讲了个卞庄子刺虎的故事。

故事说的是，在一座山里，有两只老虎拖走了农夫家里的一头牛。卞庄子路过这儿，听说此事，就拔出剑想去与老虎搏斗，为农夫夺回牛。村民中有位长者劝他说：“别急，再等会儿。两只虎争吃一头牛，争不了多久，它俩就会相互厮咬起来。其结果必定是一死一伤。到那时你再去刺杀那受伤的虎，那就可是一举两得，毫不费力了。”

卞庄子听了，觉得这话很有道理。于是将剑插进鞘里，坐在山坡，远远地看着那两只虎的动静。没过一会儿，两只虎为吃牛颈上的肥肉争斗起来，相互厮咬，各不相让，最终，健壮的大虎将小虎咬死；大虎也身受重伤，趴在地上，动弹不得。这时，卞庄提剑赶过去，没费什么劲儿，就将大虎刺死了。

陈轸说完这个故事，对秦惠王分析道：“眼前韩魏两国相争，就像两虎争牛，其结果必然是弱国灭亡，强国受伤。到那时，你趁势把受伤的强国灭了，不就是一举灭了两个国家么？”

秦惠王听了，拍手叫好，他听从陈轸的建议，等韩魏两国都耗尽国力，两败俱伤时，他这才出兵，秦军直接攻打韩国和魏国的首都，很快就将这两国灭掉，收归己有了。

后人根据陈轸说的故事，归纳成“两败俱伤”这一成语流传下来，用以比喻斗争的双方都受到了损失和伤害。

jù

剧

老虎与野猪搏斗很剧烈

古代的“剧”字写作“劇”，这是个左右结构的形声字兼会意字，右边的立刀旁是形符，表示跟刀具有关；左边的“豦”字是声符，读“jù”；这两个字形组合在一起，指“非常厉害，极其猛烈”。用刀割断或砍杀肯定是厉害猛烈的，所以“劇”字用立刀旁作形符。

古人为什么用“豦”字作“劇”字的声符呢？古代的“豦”字，是个左上包围结构的会意字，左上部是“虎”字头，是“虎”字简省的写法，指老虎；下面的“豕”字读“shǐ”，指猪，在这儿指大型野猪跟老虎展开搏斗，而且互不相让，斗得非常迅猛剧烈；所以“劇”字以“豦”字作声符并会意。

小篆的字形由金文演变而来，隶变后的楷体写作“劇”，后简化为“剧”。这“剧”字成了个左右结构的形声字。立刀旁为形符，“居”字为声符。

“剧”字的本义指“很厉害，非常猛烈”，如很猛烈称“剧烈”；极大的变化称“剧变”，强烈的毒性称“剧毒”，急速地减少称“剧减”，极大的疼痛称“剧痛”，急速地增长称“剧增”，也称“加剧”。

“剧”字假借指“戏剧”，如戏剧或演出用的依据称“剧本”，“戏剧”的名目称“剧目”，戏剧作品称“剧作”。剧情、剧评、剧务、剧团、喜剧、悲剧、淮剧、话剧、京剧、哑剧等都是指“戏剧”。

“剧”字也作姓氏用。

劇
小篆

劇
隶书

剧
楷书

“剧”字如何假借指“戏剧”

这天，无锡梁溪谜语研究会在西水关茶楼举办讲座，主题是谈“剧”字。有人出了个字谜“割据一半”，这好猜，“割”与“据”各一半为“剧”字。也有人以“解剖古尸前”为谜面，这也不难猜，“古尸”组合为“居”。解剖要用刀，“刀”前面为“居”，两形合一为“剧”。还有人以“鞘”字为谜面，说谜底也是“剧”字。

有人以“同室操戈，逢场作戏”为谜面，说谜底为“剧”字。“居”字可理解为同“室”，立刀旁可理解为“操戈”。“逢场作戏”，直接提示了谜底“戏剧”。不料，后两个字谜却引来了一个学术性的难题。有人要求在场的专家，讲讲表示“猛烈、剧烈”的“剧”字，怎么会变成舞台“戏剧”的“剧”字呢？

解释这个难题的重任，落在会长马汉文的肩上。老马沉思片刻，挥笔写下繁体字“劇”字和“戲”字，站起来向大家展示一番，然后从容说道：“朋友们提出这个话题，我来做些分析，供大家参考。要说清来龙去脉，得看老祖宗造的繁体字了。繁体字‘劇’，左上为虎，左下为‘豕’，右边为刀。古人用老虎捕野猪这种你死我活、剧烈拼搏的场面，来表现剧烈的气氛。右边的‘刀’是干什么用的呢？那是指用刀杀猪的白刀子进、红刀子出，使人看到一种极端的行为。猪在挣扎、嚎叫、撕心裂肺、歇斯底里，场面惨烈。这里有剧烈的意思。而在场的人是旁观者，看老虎捕野猪，或看屠夫宰猪，这就如同看戏一般，与‘戏剧’的‘剧’字挂上钩了。再看看这‘戲’字，由虎字头，‘逗’字简省的写法‘豆’字，加上表示刀枪的‘戈’字组成。虎是人装的，‘戈’是道具，目的是逗人玩乐。演戏的，看戏的，是在做集体游戏，所以‘戲’字也跟‘劇’字一样用虎字头，这就是‘戲劇’。据我所知，金文的‘豦’字就是表示老虎与野猪拼死搏斗，本义是猛烈、剧烈。后来这‘豦’字作了偏旁，古人另造了个‘勮’字来表示虎与猪拼搏之意。‘力’字表示用力量来拼搏，后来这‘力’字变为‘刀’，于是‘勮’字也就成了‘劇’。‘劇’字由猛烈引申指嬉戏、玩耍，兼有恶作剧的意思，进而引申指‘戲劇’，‘演戲’了，后简化为‘剧’。”

瞪眼惊视的样子——惧

jù
惧

金文

小篆

懼
隶书

惧
楷书

甲骨文的"惧"字是个会意字，上面是猫头鹰的形状；下面是个"隹"字，读"zhuī"，表示鸟雀。

小篆的"惧"字承接甲骨文，但省去甲骨文猫头鹰头顶上的毛角，将两个大眼睛突出地表现出来，这样就成了个上下结构的形声字兼会意字"瞿"。"瞿"字是个上下结构的形声字兼会意字，上面两个并排的"目"字读"jù"，作声符，指猫头鹰两个大眼睛；下面的"隹"字读"zhuī"，作形符，表示跟鸟有关。这两个字形组合，指猫头鹰瞪大两眼左右惊视的样子。隶变后的楷书写作"瞿"。"瞿"字的本义指"惊视的样子"，引申指"害怕、吃惊"。此义后来古人另加竖心旁写作"懼"，专门表示害怕、惊慌、恐惧。原来的"瞿"字作姓氏用，读"qú"。

楷书的字形由小篆直接变来写作"懼"，现简化作"惧"，这就成了个单纯的左右结构的形声字了。

"惧"字的本义指"害怕"，如怕妻子，俗说怕老婆称"惧内"；畏惧、害怕称"惧怕"；害怕、恐惧的神色称"惧色"；惊诧、畏惧又惊恐称"骇（hài）惧"；警惕和畏惧称"戒惧"；担忧害怕称"危惧"；疑虑又恐惧称"疑惧"；忧虑害怕称"忧惧"；害怕又恐惧称"畏惧"。

“惧”和“临危不惧”

“惧”作动词用，指“恐惧、害怕”，如畏惧；成语“临危不惧”指遇到危险，毫不害怕。

这一成语出自两千三百多年前战国中期《庄子》一书。其中讲了这么一个故事。说的是春秋末期时的孔子，他曾带着一群弟子，周游列国，有一次他们路过一个名叫“匡”的地方，在孔子路过匡地之前一段时间，鲁国有位名叫阳虎的人曾率兵侵犯过这儿，伤了不少匡人。阳虎跟孔子是同乡，但互不往来，可算是仇人。孔子有个学生颜剋（kè），曾随着阳虎来过这儿，现在颜剋又随孔子路过这儿。他情不自禁，得意洋洋地向孔子和同学讲起当年是如何随阳虎袭击这儿。也不知是颜剋得意忘形，说话时被路人听到了，还是当年他的尊容被人认出来了。更要命的是，孔子的相貌长得跟阳虎相像，加上颜剋口无遮拦，乱说一通，引起匡人的注意。匡人对阳虎都恨之入骨。这下事情闹大了，匡人以为阳虎又来了，便从四面八方聚拢来，把孔子车马团团围住，还有人提着长矛大刀，杀气腾腾，准备动武复仇了。

孔子的得意门生子路，因去买粮食没在孔子身边，现在见孔子被围，他急得扔了米袋，用双手拨开人群，挤进包围圈去搭救孔子。待他挤到马车旁，不由惊呆了，只见孔子稳坐车上，一边跟靠近身边的几个匡人谈笑风生，一边在忙着解装着琴的布袋，似乎准备弹琴娱乐，看他那副神态，十分淡定乐观，毫不惊慌，也无惧色。

子路站到他身边，小声问：“先生，眼下如此危急，你怎么还有心思弹琴作乐啊。”孔子笑笑，招呼道：“你附耳过来，我有话跟你说。”

子路伸长头颈，将耳朵贴近孔子，只听孔子朗声说道：“在水来去，不畏蛟龙者，为渔夫之勇；在崇山峻岭中来去，不畏虎豹者，为猎手之勇；面对刀枪，奋勇向前不顾生死者；是战士之勇；能掌控自己命运，认清眼前局势，临大难而不惧者，乃圣人之勇也！”

后人将孔子对子路讲的那番话整理出来，并将“临大难而不惧”紧缩为“临危不惧”，作成语流传下来，也说成“临难不惧”，指碰到危险或灾难，镇定自若，毫不害怕，从容应对。

用钢片制成的锯子

jù

锯

金文

小篆

隶书

楷书

“锯”字是个左右结构的形声字兼会意字，左边的金字旁作形符，表示跟金属有关；右边的“居”字读“jū”，作声符并会意。金字旁和“居”字组合在一起，指用铁、钢的薄片制成，上面有尖齿可拉（lá）开木头或石块等的器具。因为是用铁或钢薄片制成的，所以“锯”字用金字旁作形符。

古人为什么用“居”字作“锯”字的声符呢？其实，这个“居”字是“倨”字简省的写法。“倨”字有自大傲慢之义，“倨傲无礼”中的“倨”就是“傲慢”。当锯子用来锯物时，锯子来回或上下拉动，使物体断开或剖开却全然不顾，颇有傲慢自大的意味，所以“锯”字用“倨”字的简省写法“居”字作声符并会意。此说虽有较多的艺术想象成分，但也顺理成章，不失为一种解读。

楷书的字形由小篆演变而来，写作“锯”。

“锯”字的本义指“锯子”，如锯子上的尖齿称“锯齿”，用来锯金属的机床称“锯床”，锯木头、竹子等掉下的细末称“锯末”。古代有种刑具称“刀锯”，现在泛指木工工具。用电力驱动的锯子称“电锯”。两人用大锯子一来一往地锯东西称“拉锯”，比喻双方来回往复称“拉锯战”。

“锯”字由本义引申指“用锯子拉开”，如锯断，锯树、锯木板。

“对锯”与“对句”

“对锯”与“对句”，是两个毫不相干的词。锯子是种劳动工具，是用来锯树或锯木料的，干活时一般由两个人一拉一推，将树杆锯断，这就是“对锯”。而“对句”是个文学创作名词，原指古代诗文中字数相同，文意相对的句子，其实指的就是对联。因为这两个词谐音，有人把它们巧妙地结合在一起，构成了一个有趣的谐音对联故事。

明朝洪武年间，江西吉水有个名叫解缙的举子，考中进士，官至内阁首辅、右春坊大学士，参与朝廷军政大事。

解缙出身于书香门第，自幼聪敏绝顶，有“小神童”之称。五岁时父亲教他读书识字，过目不忘；七岁时就能赋诗作文；十二岁时读尽《四书》《五经》。据说他特别善作对联，任何难对的下联，他都能应声对出，难不住他。民间流传着不少解缙作对联的故事。

据说他家对门住着位老先生，是早已告老还乡的曹尚书，这位老先生虽满腹经纶，但心胸狭窄。他见解缙神童的名气大，已经盖过了他，十分嫉妒。有一次，县城众多文人雅士在文庙聚会，解缙也来了。曹尚书对解缙说：“今日是文人相聚，你个小毛孩来干什么？快到别处玩去。”解缙很有礼貌地说：“听说各位前辈到此聚会，我特赶来向前辈请教的。”

曹尚书不客气地说：“我们今日赛对句，对不出来，可要被赶出文庙，不许再进来的啊。”

解缙落落大方地说：“曹大人请出上联，我立马对出下联。”

曹尚书清清嗓子，将他早已设计好的上联一字一句读出来：

两猿断木深山中，小猴子也敢对锯（句）

曹尚书用小猴子暗骂解缙，以“对锯”指“对句”。

解缙听了，强压怒火，一字一句回应道：

一马陷足污泥内，老畜生怎么出蹄（题）

解缙以牙还牙。用老畜生暗骂曹尚书，以“出题”指出题目。众人听了，都鼓掌喊好，差点没把曹尚书气晕过去。

招取众人来会集——聚

jù
聚

金文

小篆

聚
隶书

聚
楷书

小篆的“聚”字是个上下结构的形声字兼会意字，下面的字形是三个“人”字，作形符，表示跟“人”有关；上边是“取”字，读“qǔ”，作声符并会意。“取”字与三个“人”字组合，指招取众人来会集。因三个人字合在一起，表示人数众多，这跟招呼众多人来会集到一起有关，所以古人用“三人”来作形符。

古人为什么用“取”字作“聚”字的声符呢？

甲骨文的“取”字是个会意字。左边的“耳”字指耳朵，右边的“又”字表示手，指抓到野兽或俘虏时割下左耳朵，以便论功行赏。“取”字本义指“割取”，后引申指“取得”，也有收取和聚拢集中在一起的意思。要把分散的人召集到一起，也有招取之义，所以古人用“取”字作“聚”字的声符并会意。

楷书的字形由小篆演变而来，写作“聚”。

“聚”字的本义指“众人会合、集中”，如大家相约会合到某处吃饭称“聚餐”，聚集到一起称“聚合”，聚集、会合也称“聚会”，点点滴滴地凑集称“聚积”，凑在一起称“聚集”，集中居住称“聚居”，集合，凑在一起称“聚拢”。还有汇聚、欢聚、凝聚、齐聚、团聚、完聚、相聚、聚宝盆、聚沙成塔、物以类聚、聚少成多等词语。

虎溪“聚”三人

在闻名于世的庐山脚下，距九江县沙河街不远处有座古庙叫东林寺。离寺南大门不远处有条小溪名叫虎溪，据今已有六百多年的历史，曾有位著名的和尚慧远禅师曾居住于此，潜心研究译述《华严经》三十年。他严守僧人戒律，有客来，从不饮酒，送客也从不越过虎溪，因为越过虎溪，山崖上的老虎便会吼叫起来。

慧远虽是出家人，且声名远扬，但他很喜欢与有节操有学问的名人交往。他对住在庐山的陶渊明和住在南山的陆修静这两位文学大师十分敬仰，很想与他们交往相聚，但考虑到自己已是出家人，恐有诸多不便，便打消了相聚念头。而陶渊明和陆修静这两位名士，对慧远禅师更是仰慕不已。后来，陶渊明为表渴望一聚之心情，写了封信给慧远禅师。慧远接信后十分高兴，当即回信，约定时间，欢迎二位到东林寺欢聚。

陶渊明与陆修静应约而至，慧远亲自在寺外迎候。三人见面，手挽着手，有说不出的喜悦。到得厅堂，三人边饮茶，边促膝相谈。陶渊明畅叙无官一身轻，过隐居生活的自在与舒畅；陆修静描述自己游历名山大川，饱览风景名胜的深刻感受；慧远禅师诉说自己译编《华严经》的甘苦滋味……

三人顷心交谈，中午慧远设斋饭相待，陶渊明和陆修静开怀畅饮，为助谈兴，慧远以茶代酒，三人共同举杯，一直谈到日落西山，这才尽兴而散。

临别时，慧远送了一程又一程，三人边走边谈，不觉已过了虎溪禁区，众僧人在旁见了大声喊道：“过虎溪啦！过虎溪啦！”

三人听了，相顾大笑。

三百多年后的唐朝大诗人张籍，写了副对联，反映当时这段动人的故事和生动画面：

虎溪聚三人，三人三笑语。
莲池开一叶，一叶一如来。

这副对联，如今挂于庐山东林寺的佛殿内，供人欣赏。

一字一世界

跪坐时膝盖弯曲——卷

juǎn
卷

小篆

卷
隶书

卷
楷书

“卷”字是个上下结构的形声字兼会意字，下面的“单耳旁”写作“卩”，作形符，读“jié”，有的写作“㔾”，在甲骨文中是象形字，字形像一个跪坐着的人。隶变后的楷书写作“卩”。“卩”的本义指“跪坐之人”。“卷”字上面的“龹”字读“juàn”，作声符并会意。“龹”字与“卩”字组合，指“跪坐时膝盖弯曲”。因是指“跪坐时膝盖弯曲”，这与“卩”字的本义“跪坐之人”相近，所以古人用“卩”字作“卷”字的形符。

古人为什么用“龹”字作“卷”字的声符呢？

小篆的“龹”字是个会意字，字形像用双手把散碎的东西揉成团，本义指“双手圆转把散碎的东西揉成团”，有圆转和屈曲之义，所以古人用“龹”字作“卷”字的声符并会意。

楷书的字形由小篆直接演变而来，写作“卷”。

“卷”字的本义指“膝盖弯曲”。由本义引申指“把东西弯裹成圆筒形”，如烟卷、卷袖子、卷铺盖、烧饼卷油条。由上义引申指“裹成圆筒形的东西”，如卷尺、春卷、胶卷、烟卷、卷心菜、铺盖卷；又引申指“裹入、掀起”，如卷入、席卷、卷土重来、龙卷风；“卷”字也作量词用，多指“成卷的东西”，如两卷卫生纸。

“卷”字是个多音字，读“juàn”时，由“裹成圆筒形的东西”引申指“画轴、书本”，如卷柚、宝卷、手不择卷、开卷有益。由上义引申指“书本的册数和篇章”，如第三卷、上卷、下卷、读书破万卷。又引申指“考试的纸”，如试卷、交白卷。还引申指“存档的文件”，如案卷、卷宗、文卷。

“卷”和“卷土重来”

成语“卷土重来”，比喻失败之后重新恢复势力。说起这一成语的出典，有段历史故事。

秦朝末年，农民揭竿而起，反抗秦王朝的暴政。各地的军阀势力，也趁机起事，壮大自己的力量，他们想割据一方，再争夺皇帝宝座。在经过一番征战后，只剩下刘邦和项羽这两股势力在较量。最后，刘邦的大将韩信以“十面埋伏”之计，将项羽的主力部队消灭。项羽率八百名精兵突围，一路拼杀，向南逃到乌江，这时候，他带出的八百壮士只剩下二十八人了。乌江亭长撑小船迎到江边，劝项羽道：“江东地方虽小，但你仍可在这儿称王。请赶快上船，否则追兵到了，你无处可逃啊。”

项羽谢绝亭长的好意，说：“当初我与叔父率八千江东子弟反秦，如今其他人都战死，唯独我一人回去，我有何面目见江东父老？”正说着，汉军追兵围了上来。项羽将自己心爱的战马赠与乌江亭长，叫他乘船快逃，自己转身连杀数十汉军，然后自刎于江边。死时三十一岁。

过了一千多年，到了唐朝年间，诗人杜牧来到乌江边凭悼古迹，在传说中项羽自刎的地方，他有感而发，写了一首《乌江亭》的诗：

胜败兵家事不期，
包羞忍耻是男儿。
江东子弟多才俊，
卷土重来未可知。

这首诗开头就讲明胜败乃兵家常事，只有能忍辱负重的才是好男儿，就像韩信能忍胯下之辱。项羽遭到挫折便自刎而死，这算不上真正的男子汉，项羽不听信亭长的建议，刚愎自用，错失良机。全诗借凭悼古迹，宣扬了百折不挠的精神，这是十分可取的。后人将诗中“卷土重来”作成语流传下来，比喻经过失败之后，力图恢复，重新再来。所谓“卷土”，就是卷起尘土，形容人马众多，势力强盛，完全可获胜，这与百折不挠、永不言败的信念是一脉相承的。

人双膝弯曲疲劳——倦

juàn

倦

小篆

倦

隶书

倦

楷书

“倦”字是个左右结构的形声字兼会意字，左边的单人旁作形符，表示跟人有关；“倦”字右边的“卷”字读“juǎn”，作声符并会意。“人”字与“卷”字组合，指人双膝弯曲显得十分疲劳。因是指人双膝弯曲显得十分疲劳，这跟“人”有关，所以古人用单人旁的“人”字作“倦”字的形符。

古人为什么用“卷”字作“倦”字的声符呢？

小篆的“卷”字是个形声字兼会意字，上面是屈曲之形，下面是个跪坐的人形，这两个字形组合，表示人的双膝弯曲之意。“卷”字本义指“双膝弯曲”，后引申泛指“弯曲”。当人疲劳的时候，常常觉得腰疼腿酸，双膝就没力气而弯曲，要紧坐下来休息，以恢复疲劳。正因为此，古人用“卷”字作“倦”字的声符并会意。

楷书的字形由小篆直接变来，写作“倦”。

“倦”字的本义指“劳累、疲乏”，如疲劳困倦称“倦怠（dài）”，疲劳、疲乏称“倦乏”。疲劳的神态称“倦容”，也称“倦色”。疲劳的感觉也称“倦意”，疲乏、困倦称“疲倦”。

“倦”字由本义引申指“对某些事物失去兴趣”，或“感到厌烦”，如游玩或当官的兴趣已尽称“倦游”，对某种活动感到乏味而不想继续称“厌倦”，烦闷厌倦称“闷倦”，“孜（zī）孜不倦”指勤奋努力，不知疲倦。

“倦”和“孜孜不倦”

“倦”字作形容词用，指疲乏，如孜（zī）孜不倦。成语“孜孜不倦”指勤奋努力，不知疲倦。这儿的“孜孜”，指勤勉，不懈怠；“倦”，指疲倦。说起这一成语的出典，有段历史人物故事。

这个故事，出自《三国志•蜀书•向郎传》。

三国时期，远在四川盆地的蜀国有位大臣名叫向郎。此人字“巨达”，祖籍是襄阳宜城，即今日湖北宜城。他少年时代就勤奋好学，到青年时，拜当时襄阳著名学者司马德操为师。司马德操与名士徐庶、庞统等人关系密切。一提到徐庶，人们就会想到他向刘备推荐诸葛亮的事。司马德操跟这样的人关系密切，也可看出他的才学和人品了。向郎受恩师的栽培，成了位既有才也有德的俊才。

向郎成人后，最早追随刘表。刘表死后，他跟随刘备。刘备在四川站稳脚跟，建立汉蜀政权后，任命向郎为巴西太守。丞相诸葛亮率军南征时，向郎留在成都，料理朝政大事，是诸葛亮的得力助手。

向郎是个办事干练，又极认真负责的人。但人无完人。向郎一生中犯了个致命的错误。

蜀国有位大将名叫马谡（sù），诸葛亮南征时令他为前锋，但他违背诸葛亮的命令，结果失守街亭，被魏军打败，诸葛亮被逼退回汉中。马谡畏罪逃亡。因马谡与向郎关系密切，向郎知情不报。后来马谡被抓获，死于狱中。向郎因包庇马谡，为诸葛亮所不容，被他削职为民。

向郎被罢官后，居住在成都，对他来说，无官一身轻，也未尝不是件好事。《三国志•蜀书•向郎传》中是这样记述的：“自去长史，优游无事三十年，乃更潜心典籍，孜孜不倦”。

这段话说的是，向郎被免职后，清闲无事三十年，他潜心研究整理古籍，亲自校阅手稿，刊定谬误，三十年如一日，直到八十多岁高龄，仍孜孜不倦地整理书籍，为后世留下了大量的珍贵资料。

后人以书中“孜孜不倦”四字作成语，用来形容一个人对工作或学习勤勤恳恳、认认真真、不知疲倦的可贵精神。

juàn

隽

以弓射肥鸟——隽

“隽”字，是个上下结构的会意字，上面是个“隹”字，读“zhuī”，指短尾巴小鸟，泛指鸟类；下半部分是“弓”字。“弓”字与“隹”字组合，表示用弓射长得肥肥的鸟儿。

“隽”字在隶变后写作“雋”。原先小篆下面的“弓”字是横着写的，当时有个俗体字写作“隽”，现为正体字。

“隽”字的本义指“以弓射肥鸟”。“隽”字由本义引申泛指“肉肥美”。由“肉肥美”又引申指“言论或诗文意味深长”，又引申指“才智过人”，再引申指“长得漂亮”。如言语、诗文意味深长称“隽永”，寓意深刻的话语称“隽语”，“隽语箴（zhēn）言”就是指深刻的劝诫的话。

“隽”字通“俊”，也指才智出众，才智过人。

“隽”字作偏旁用，也可单用。凡以“隽”字取义的字，都与肥美等义有关。

“隽”字也作姓氏用。

小篆

雋

隶书

隽

楷书

“隽”和“隽永”

“隽永”，是书面语，用来形容言语、诗文意味深长。说起这个词的出典，有段文史故事。

距今两千二百多年前的楚汉相争时期，齐国有位谋士名叫蒯通，这是秦汉之际的策士，范阳人，即今日河北徐水一带人，是位了不起的谋略家。他出谋划策，能言善辩，且有胆识，有担当。他凭勇气和三寸不烂之舌，轻易获赵国三十余城；也曾因为策反韩信，差点被刘邦杀掉，但最终凭自己的机智幸免于死。

刘邦建立汉朝后，开国功臣曹参被封为齐相。蒯通被曹参聘为幕僚，为他当参谋。当时，齐国有两位隐士，都是出类拔萃的能人和贤士。一位叫东郭先生，一位叫梁石君。他俩隐居深山，很少露面。有人建议蒯通，何不向曹相国举荐，让他们为齐国造福呢？

蒯通是个办事谨慎，考虑周密的人。他觉得此事于齐国有利，但不知曹参意下如何。他便从旁试探。一日，蒯通与曹参闲聊，他问曹参：“若有两个女子，一个是丈夫去世三日就改嫁了。另一个是丈夫去世深居守寡，极少出门，你娶谁？”曹参随口说：“当然娶那深居未嫁的啰。”

蒯通听罢，心中有底了。便说：“娶妻如此，选用人才也是这样啊。现在齐国有东郭先生和梁石君先生这两位杰出人物，他们隐居深山多年，从不为谋一官半职向人求情。今日我举荐给你，望能发挥他们的才干，为齐国建功立业。”

曹参听了，一口答应，当即派人去邀请两位贤士出山任职。

蒯通凭借自己的思才、文才和口才，出了好多计谋，办成了许多大事，他将战国时期各国谋士及辩士们的典型事例，收集整理成一部有关战国策士随机应变、出谋划策的著作，书名为《隽永》，共收录八十一篇，他自己写了序言，详细叙述了这部书的编写经过及该书特色。

书名《隽永》二字，后来成了个常用词。“隽”字在古代有肥肉美味之义，“永”字指永久、长久之义。蒯通将书名取为“隽永”，意在表达自己书中所述，如同肥肉那样美味，意义深长，值得品味。这一词，被后人用来形容诗文、言语、文辞意味深长，耐人寻味，值得咀嚼，值得阅读。

激流冲破河堤——决

jué

决

小篆

决

隶书

决

楷书

"决"字是个左右结构的形声字兼会意字。原来写作"決"，左边是三点水，作形符。隶变后楷书写作"决"，为避免与"決"字相混，故用俗体字写作"决"。"决"字用三点水作形符，表示跟水有关。"决"字右边的"夬"字读"jué"，另外又读"guài"，作声符并会意。"水"字与"夬"字组合，指汹涌的大水冲破堤岸。因是指大水冲破堤岸，这跟水有关，所以古人用"水"字作"决"字的形符。

古人为什么用"夬"字作"决"字的声符呢？

甲骨文的"夬"字是个会意字，字形圆而有个缺口，故引申表示"缺"，又表示"分决、决定"，还表示"迅速"。这些含义，都与大堤被洪水冲破，河堤残缺和形势危急紧迫有关，所以古人用"夬"字作"决"字的声符并会意。

楷书的字形由小篆演变而来写作"決"，后用俗体字"决"作正体字。

"决"字的本义指"水冲破堤坝"，如水冲破堤坝称"决口"或"决堤"，关系或感情破裂称"决裂"，冲断或冲破称"冲决"洪水冲破堤坝称"溃决"。

"决"字由本义假借指"断定或拿定主意"，如决定、决断、决策、决绝、决心、决意、决择、表决、否决、坚决、判决、裁决、犹豫不决。由上义引申指"一定"，如决不投降；又引申指"定胜负，分高低"，如决斗、决赛、决胜、决战。"决"字又假借指"执行死刑"，如处决、枪决、斩决。

“决”和“狐疑不决”

“决”字表示坚决、决定，如成语犹豫不决、决不退缩，也表示坚决、一定，成语“狐疑不决”指狐生性多疑，拿不定主意。

狐是一种哺乳动物，外形略像狼，面部较长，耳朵三角形，尾巴长，毛通常是赤黄色，生性狡猾多疑，昼伏夜出，吃野鼠、鸟类、家禽等。常见的有赤狐和沙狐，通常称“狐狸”。

因狐求生能力强，善于自卫，比一般动物聪明机智，似乎有计谋、通人性，所以人们将它蒙上一层神秘色彩，将它称之为“狐狸精”“狐大仙”。几千年前，人们就对狐狸十分熟悉了。因狐狸善听，所以称之为“狐听”。因狐狸多疑，所以称“狐疑”。狐狸善听到什么程度，多疑到什么程度呢?

《汉书•文帝记》中有一句汉文帝自己说的话：“朕狐疑。”他认为自己好疑心。唐朝颜师古注中说：“狐之为兽，其性多疑，每渡冰河，且听且渡，故言疑者而称狐疑。”

这段话，说的是两千二百多年前的事。在黄河边的渡口，冬天结冰，深达数丈，车马可在冰上行驶。但刚结冰时，人不敢贸然过河，便提来狐狸，放它逃生，让它渡河。狐狸生性多疑，又善听，它在冰上走时，尽管要逃命，但还是边走边听。它在听冰下是否有水流声。若水流声很响，表示此处冰薄，易断裂，得另找方向。听听水下没有流水声，表示此处冰层厚，便放心大胆地过去了，人们也就赶着马车，沿狐狸走过的路线过河了。

狐狸多疑，疑虑多了就缺乏决断力，这就叫“狐疑不决”。据目击者观察，狐狸若是埋藏什么食物，它埋藏好之后，往往放心不下，一会儿又回来将埋下去的东西又挖出来再瞧瞧，待安心了，再埋好，所以古人将疑虑过多，犹豫不决称之为“狐埋狐搰（hū）”，“埋”，就是藏起来；“搰”，就是挖出来，扒出来。据《国语》中《吴语》一章记载：“狐埋之而狐搰之，是以无成功。”就是说，一个人若狐疑不决，事情就难办成功。

“狐疑不决”，重在“疑”与“决”。因“疑”而“不决”。不能决断，下不了决心，也就决定了它必败。

有缺口的佩玉——玦

jué
玦

小篆

玦
隶书

玦
楷书

“玦”字是个左右结构的形声字兼会意字，“玉”字作形符，“夬”字作声符兼形符。“玉”指玉器，“夬”字是“缺”字最古老的写法。小篆的“夬”字，像用手举着一个有缺口的东西，这一物件，应该是一块有缺口的玉。“玉”与“夬”相组合，意为有缺口的佩玉。“玦”字的本义是指“环形的、有缺口的佩玉”。

这个字现在很少用到。《史记•项羽本纪》：“举所佩玉玦，以示者之再三。”讲在鸿门宴上，范增举起所佩的玦再三向项羽示意，要他下决心杀了刘邦。这里的“玦”有“决绝”之意。

鸿门宴上以“玦”示“绝”

古往今来，世界上最有名的宴席，恐怕就数两千多年前，楚汉相争时的鸿门宴了。那场宴席，暗藏杀机，扣人心弦，流传千古。

却说秦朝灭亡后，群雄四起，争夺天下。最后剩下项羽刘邦，一决雌雄，看谁获胜。其时刘邦实力略输于项羽，他不得不放下身段，向项羽谢罪求和。项羽的亚父范增老谋深算，他看出刘邦是楚王争夺天下最强劲的对手，所以他借“化干戈为玉帛”为借口，在鸿门设宴，邀刘邦赴宴，计划在宴席上将刘邦杀死，以免后患。为此，他做了精心布置。

在宴席上，范增见时机成熟，但项羽却迟迟不按计划行事。范增心急如焚，正如司马迁在《史记•项羽本纪》中所描述“范增数目项王，举所佩玉玦，以示者三。”这就是说，他多次用目光暗示项羽，并举起身上所佩的玉玦，再三示意。这玉玦就是环形的，有缺口的玉器。古人常以玦佩带在身上作装饰品。“玦”与“绝”同音。范增以“玦”暗示“绝”字，要项羽绝对拒绝刘邦求和的骗人鬼话，要他赶快动手，果断地绝杀刘邦，切莫留下后患。

项羽明白了没有？听从了没有？一切如同太史公所说：“项王默然不应”。项王错失良机，最后放了刘邦，这如同放虎归山。刘邦死里逃生，回去后重整旗鼓，卷土重来，最后逼得项王乌江自刎，终于夺得政权，创立大汉王朝，成了千古一帝。

“鸿门宴”载入史册，为后人所传诵。在这刀光剑影，危机四伏的筵席故事里，我们千万别忘了那个小道具“玦”。范增以“玦”示“绝”，才是这个惊心动魄故事中的亮点啊。

用刀把丝割断——绝

jué

绝

甲骨文

金文

小篆

絶

隶书

绝

楷书

甲骨文和金文的“绝”字是个会意字，整个字形像用一把刀，将两捆丝绳从当中剪断。可见，“绝”字的本义就是指“用刀断丝”。

小篆的“绝”字，也是个会意字，它是由一捆丝、一把刀和一个人组成，像人用刀在割丝，它的本义也是“用刀割丝”。

“绝”字的本义是“用刀割丝”，割丝的结果是什么？结果就是丝被割断，变成两段，所以“绝”字就有断绝、隔绝的意思。

断绝、隔绝后，很有可能完全没有了、穷尽了，这就是赶尽杀绝，办法想“绝”了。

隔绝，也意味着走不通，这就是绝境、绝地、绝壁、绝路。

“绝”字，也表示气息终止、死亡，如气绝、灭绝、悲痛欲绝。

“绝”字，也表示独一无二，如绝技、绝无仅有、绝艺、绝招。

“绝”字还有最、极的意思，如绝大多数、绝早。我们常说的“绝对”的“绝”字，常用在否定词前面，如绝无此意。

唐·虞世南《孔子庙堂碑》

东晋·王羲之《丧乱帖》

宋·吴琚《三希堂法帖》

蚕吐五彩——绝

清朝诗人冯班去朋友家做客，他在朋友家里看到一部书稿，读了几页，觉得语言流畅，风格典雅，很像宋人的作品。他就向朋友打听，这是哪个朝代人写的。

朋友说，这是本朝孙恺似的作品。

冯班又惊又喜，表示愿意为孙恺似题序。

不久，孙恺似的诗集正式面世了，扉页上果真有冯班的题词，其中有这么一句“蚕吐五彩”。

许多人读了都不理解这是什么意思，有个善于猜谜的人却一语道破：“‘蚕吐’是‘丝’，‘五彩’是‘色’，合在一起乃是个‘绝’字。冯班是在夸孙恺似写的是绝妙的作品啊。”

绝处逢生

古代饮酒的器具——爵

jué
爵

甲骨文

金文

小篆

爵
隶书

爵
楷书

甲骨文的“爵”字是个象形字，字形就像古代饮酒的器具。上面有盖子，有嘴，有用手握的把子；当中是腹部，略带圆形；下面是三只脚，这字形指的是用来饮酒的器具。

金文的字形仍然是个象形字，但略有变化，右边多了一只手，好似握酒器的形状。

小篆的字形由金文繁化而来，显得十分复杂，笔画多得令人眼花缭乱。这饮酒器具显得像翘着尾巴的鸟雀，一人手持这酒器在祭祀祖先神灵。

楷书的字形由小篆演变而来，写作“爵”。

“爵”字的本义指“古代饮酒的器具”。

“爵”字由本义引申指“君主国家所封的等级”。

欧洲君主国家最低的封号为“爵士”，不属于贵族，不世袭。君主国家贵族封号等级称“爵位”，爵位和封号称“爵禄”，官职爵位称“官爵”。

封建朝廷赐予功臣的爵位称“勋（xūn）爵”，这也是英国贵族的尊称，是由国君下诏授予的世袭名誉头衔。

细谈“爵”和“爵位”

“爵”字已不多见，除了加个“口”字旁写成“嚼”，人们熟知的就是“细嚼慢咽”或“咬文嚼字”。提到“爵”字只知道它跟“爵位”及“公爵”“伯爵”这些词有关，别的，就很少用到它了。在古代，这可是个高贵的热门字，人们在酒宴上常常用到它，见到它，说到它。

这个象形字很典型，跟实物相比，仿佛是一幅速写图。它的基本形状是深腹，圆底，下面三个尖尖的脚。从侧面看过去，前面有个凹槽，这是用来倒酒的，称之为“长流”。后面有个尖锐的尾巴。在腹部的右侧有个把手，口沿上分立两根短短的柱子作装饰用。那称之为“长流”的酒槽和尖尾巴两相呼应，好似鸟雀的形状。“爵”的造型舒展空灵，十分优美，又能保持整个爵放在那儿保持平衡，不会歪斜。因有雀的形状，所以“爵”在古代读音与“雀”相同，读作“què”。

“爵”是用青铜制成的酒器，在我国最早出现于夏朝晚期，盛行于商朝和周朝，距今已有四千多年了。

也有人解释，“爵”字上面的字形是“爪”字的变形，表示用手抓拿、握住。下面的“寸”字也表示“手”，这只手在下面扶住“足”，意为两手同时握着“爵”。“爵”字左下方的“艮”（gèn）字是“银”字简省的写法，这就是所谓的“金樽银盏”。至于右下方的“寸”字，还附带有分寸之义，表示饮酒的礼节要有分寸。

“爵”这种酒器，说白了就是今日的高脚酒杯，但在古代，这高脚酒杯，只有身份高贵的贵族和帝王才能使用，平民百姓是没有资格使用的。国君经常举行宴会，在酒宴上，根据参加宴会人的身份和职位高低，爵的使用和组合是不一样的，可谓等级森严。等级越低，爵放置的位置离国君越远，这个放置爵的位置就叫“爵位”。后来，“爵位”一词就渐渐地变成了封号的称呼。后来出现的公爵、伯爵、勋爵这些词就是从这儿衍生出来的，常用于翻译的外国文学作品中。

醒悟明白有感觉

jué

觉

金文

小篆

覺

隶书

觉

楷书

古代的“觉”字，是个上下结构的形声字兼会意字，下面的“见”字是形符，表示跟用眼睛看到有关；上面是“学”字简省的写法作声符，读“xué”；这两个字形组合在一起，指醒悟、明白。

人在清醒的时候，不像睡觉时候那样紧闭着双眼，而总是睁开两眼看周围的事物，感受所见到的事物，所以“觉”字用“见”字作形符并会意。

古人为什么用“学”字作“觉”字的声符呢？因为人清醒的时候，他对周围的事物能看到，全身的感觉器官能识别到。而“学”字有识别之义，所以“觉”字用“学”字作声符并会意。

隶变后的楷书写作“覺”，后简化为“觉”。

“觉”字的本义指“明白、醒悟”，如由迷惑而明白、由迷糊而认清称“觉悟”，醒悟、觉悟称“觉醒”。自己感觉到，或自己有所认识而主动地去做称“自觉”，也称“自觉自愿”。

“觉”字由本义引申指“人的器官受刺激后对事物的感觉和辨别”，如发现、看出来称“察觉”，也称“觉察”；认为、或指有某种感觉称“觉得”；对事物产生的不正确的感觉称“错觉”。幻觉、触觉、警觉、视觉、听觉、痛觉、味觉、嗅觉、知觉、直觉、温觉、肤觉等都指人对事物的感觉。

“觉”字是个多音字，读“jiào”时，指睡眠，如睡觉、午觉、懒觉。

学子远去见归来——觉

南京夫子庙测字名家胡铁嘴有位好友徐文才，在大石坝街开茶叶店。徐文才膝下一子名叫徐长庆，年已十八，在一会计专科学校读书，成绩尚可。学校在汤山，每周回家一次。父母只关心他伙食好坏，用钱够不够，别的事儿，交流不多。

徐长庆长得一表人才，加之家境殷实，在学校里，颇受女同学青睐，据说，已跟一位被称作“校花”的女同学爱得死去活来。徐长庆已有半个多月没回家了，父母去学校找他，也不见他踪影。校方说他家中有事，请了事假，但据同学私下说，他跟女朋友双双去找世外桃源了。

这下徐文才可慌了，忙来找胡铁嘴商量。他将事情的缘由简略讲了一下，问：“这孩子到哪儿去了呢？有无大碍啊？”胡铁嘴一向以字说话，从不含糊，即便至爱亲朋，他也要拣个字才谈正题。

徐文才伸手从字袋子里摸出个“覺”字，忐忑不安地问：“什么时候能回来？”

胡铁嘴看着手里的“覺”字，细说道：“从字面上看，是件平常事，不必多虑。‘覺’字上为‘學’字头，下为‘見’字身，此乃‘学子远去见归来’。看来远也远不到哪儿去，见也用不着急着见，他玩够了，也便回来了。年轻人，无非是到上海、苏州、杭州浪漫几天，钱花光了，他能不回来？”

徐文才舒了一口气，放心不少。胡铁嘴批评道：“古人说，子不教，父之过。令郎旷课外出，既不守校规，也不告诉父母，这就是胆大妄为。‘觉’字下面的‘见’字，加‘夫’便成‘规’，没有规矩不成方圆，看来你家规不严啊。”

徐文才听了，连连点头称是。胡铁嘴将写有“覺”字的纸牌放在他手掌心里，语重心长地说：“待他回来，你将摸到的这‘覺’字拿给他看，就说胡大爷按老天爷的旨意告诫他，一个人要学会守规矩，才时时觉醒，不会迷迷糊糊走错路。”

发号施令的君王

jūn

君

甲骨文

金文

小篆

隶书

楷书

甲骨文和小篆的“君”字是由两部分组成的，上面是“尹”字，下面是“口”字。我们先说“尹”字，再说“口”字，两者合起来，就知道什么是“君”了。显然，这是个会意字。

甲骨文的“尹”字，是由两部分组成的。左边是一竖，右边是“又”，也就是手。对这一竖又有两种说法，一种说法认为，那代表写字的笔，还有一种说法认为那是一根指挥棒。笔也罢，棒也罢，反正，那是用手握笔或指挥别人干事的人，这种人便是官员。在古代，识字的人不多，能提笔写字的人多为文职官员，手握指挥棒的人也许是武官，总之，这种人是管理别人的人。因此，“尹”的本义是“治理、主管”，后来成为政府官员的称呼。

“尹”字下加一“口”字，意味着对官员讲话，也就是发号施令。什么样的人才能对官员发号施令呢？只有作为一国之主的国王，这就是“君”，因此，“君”的本义就是指“一个国家的主宰者、统治者”，如君王、君主、君权、国君。

“君”又作为对人的尊称。称高尚的人为“君子”，称高尚的人多的地方为“君子国”，口头上承诺的协定称为“君子协议”。

木简

汉《石门颂》

东晋·王羲之《大观帖》

君既沉默何必张口

沈尹默是近代著名学者，也是位大书画家。有关他的名字，有段有趣的故事。

沈尹默原名沈君默，浙江湖州人。1883年生，1971年去世。曾任北京大学教授、北平大学校长，以诗、书、画出名，尤以正、行、草书著称。

沈尹默为人内向，生来不善辞令，所以平时很少说话。沈尹默在北京大学任教时，有位朋友开玩笑地说："沈兄，我研究了你的名字，心中有句话，不知当讲否？"

沈尹默笑笑："讲来听听。"

老朋友说："阁下大名沈君默。君既默不作声，何必又要张开大口呢？"

沈君默一听，心中明白了。既然名字中有了"默"字，就是沉默，不再作声，何必又用"君"字？"君"字下有个"口"字啊，看来这"口"字是多余的。

在当时，政府不许百姓谈论国事，既不许讲话，那口字也是多余的。说来也巧，在同一办公室，另有一位名叫张君默的教授，有时学生也会搞错。

受这位朋友的启发，为了便于同事及学生区别，更为张扬个性，且讽刺抗议政府的无理，沈君默就把"君"字中的"口"字拿去，成了沈尹默，终身未改。

jūn

钧

金文

小篆

钧

隶书

钧

楷书

古代的重量单位——钧

“钧”字是个左右结构的形声字。金字旁表示与金属有关。“匀”作声符，读“yún”，本义指“重量单位”，古代以一斤为一金，三十斤为一钧，如千钧一发、雷霆万钧。

因为“钧”是量词，表示重量，而国家的政务是关乎全民的大事，是举足轻重的，所以“钧”用来比喻国家政务，执政称为秉钧。

因为“钧”与国家政务有关，所以旧时用于对上级或尊长的敬词，如钧安、钧鉴、钧卒、钧府、钧启。

“钧”“均”同音假借，字义相通。“均”的本义为“平均、均匀”，进而有“全、都”的意思，所以“钧”也有“平等、同样”等意思。不过，这种用法现在并不多见，人们用“均”字的时候多。

古人制作陶器时，依靠转轮的转动，使陶器的壁厚度均匀，所以用“钧”来指制陶器的转轮，如《盐铁论》中称之为“转若陶钧”。

“钧”，也作姓氏用。

隋·智永《真草千字文》

明·祝允明

“钧”字漏一点成“钓”字

在汉字中，有不少字的字形相似，但意思相差十万八千里，如“钧”字与“均”字字形相似，用法相近，而“钓”“钩”就跟它毫不相干了。“钧”与“钓”字仅仅只差里面那一点，这一点少了，可就要闹笑话啦。

清朝同治年间，江苏太仓县令给巡抚写了一封信。当时，下属给上级官员写信，无论是公文还是私信，都要在开头写上“某某大人钧禀”几个字。这位县令不知是才疏学浅，还是一时疏忽，竟将“大人钧禀”写成了“大人钓禀”，其中的“钧”字漏了一点，成了“钓”字。

巡抚大人颇有肚量，也很有文才。他看了信，在空白处题了一首诗退回给他。

诗是这样写的：

未必他年秉大钧，垂杆顿触钓鱼心。
可怜一勺廉泉水，分赠同僚总不匀。

这首诗，把“钧”与“钓”的字形作了对比。特别是后两句，“可怜一勺廉泉水，分赠同僚总不匀。”既巧妙地点出“勺”与“匀”的区别，还抒发了心中的不满。他本是廉洁奉公的，你现在硬将钓鱼这类事套在他头上，他怎能不生气呢？

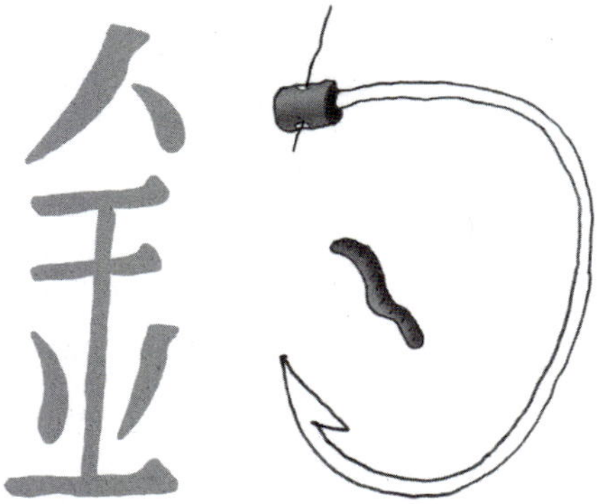

一字一世界

K

kā

咖

金文

小篆

咖

隶书

咖

楷书

译音词咖啡和咖喱

“咖”是个左右结构的形声字，左边的“口”字，表示这个字与口有关；“加”是读音；“咖”以口作形旁，可能与咖啡这种饮料有关，因为咖啡是供人喝的，喝就得用口。

古代未见“咖”字，也查不出它的本义是什么。“咖”常与“啡”组词，这是个译音词。“咖啡”指一种热带常绿小乔木，果实红色，有香味，种子可制成饮料，这就是咖啡。

“咖”也读“gā”，另一个译音词“咖喱”。在这儿，既不读“kā”，也不读“jiā”，而是读“gā”。这是一种调味品，黄色，味香辣，制成咖喱粉、咖喱鸡、咖喱牛肉。印度人特别爱吃咖喱的食物。

两口共同努力——咖

任老师是个风趣幽默又助人为乐的语文教师。人虽退休了，但他教过的一些学生还常来找他，有的是探讨学问，有的是解决难题。

胡安平快三十岁了，还没找到对象。多亏任老师牵线搭桥，将低他三个年级的赵小兰介绍给他。两人一见钟情，很快就登记结婚。不到两年，儿子出生了，两人还开了家颇具规模的咖啡馆，小日子过得红红火火，还常请大媒人任老师到店里品尝咖啡。

好景不长，近几个月来，小两口矛盾不断，争吵不休。小兰埋怨丈夫有了钱常到朋友家打麻将。小胡怪妻子整天待在家里，不到店里帮忙。因为店里没人掌管，生意一天不如一天。

这天，小两口又在店里争吵，正巧任老师路过这儿。两人一见，忙向任老师诉苦，各说各的理由，任老师耐心地听着，不时地用手指在桌上画着。任老师等他们讲完，问："你们知道这咖啡馆的咖字怎么写？"

两人一愣。任老师命令道："来，写给我看看。一人写一个。"

夫妻俩怪不好意思的，伸出手指，在桌上各写了个"咖"字。

任老师看了，这才舒展眉头，笑着说："这咖字左右两边各是一个'口'字，当中是个'力'字，这就是要你们两口子共同努力，才能把店开好呀！"任老师按照他们说的，做了番评判，小两口听得连连点头，保证共同努力，过美好的生活。

【瓦当欣赏】

秦汉瓦当

kāi

开

金文

小篆

開

隶书

开

楷书

双手拉门闩把门打开

金文的“开”字是个会意字。由“門”和“一”及“双手”组成。“門”字里的上方是个“一”字，下面是两个手的形状，写作“廾”。那“一”字指“门闩（shuān）”，用来插在门上关闭门。双手再拿掉门闩，表示将门打开。

小篆的字形由金文演变而来，不过有所变化，将表示“门闩”的“一”字断开，与表示双手的“廾”字合在一起写作“开”，外面是个“門”字。楷书的字形直接由小篆而来，写作“開”。现简化作“开”。

“开”字的本义指“把关闭着的门打开”，如开放、开关、开花、开口、打开、揭开等。

“开”字由本义引申指“开始”，如开办、开工、开场、开初、开春、开创、开端、开赴、开饭、开航、开课、开始等。

“开”字由上义引申指“举办、建立”，如开办、开户、开国。由上义又引申指“发展、扩大”，如开发、开垦、开展、开拓。又引申指“解除、融化”，如开冻、开除、开导、开禁、开脱。由此又引申指“分离”，如开刀、拆开、躲开、分开、离开等。

开字还假借指“发动、操纵”，如开车、开船、开动。又假借指“打通、挖掘”，如开采、开道、开矿、开路。还假借指“沸腾”，如水开了，开锅；还指“列出、写出”，如开票、开介绍信、开名单；还假借指发、放、支付，如开炮、开火、开枪、开支、开战等。

刘启与“开启”

在中国流行两千多年的避讳习俗，后来成了一门学问。避讳，主要是避公讳，指与圣人及帝王姓名有关的字讳。至于民间百姓之间的私讳，那就没完没了，无法计算了。

有人发觉，在为帝王避讳的记载中，产生了不少双音词，这些双音词，丰富了汉语词汇，为后人所通用，而且效果良好，使用的频率颇高。

就拿汉朝来说吧，从汉高祖刘邦说起，为避讳“邦”字，就用“国”字代替。这两个字字义相同，于是便有了“邦国”一词。

刘邦的儿子刘长，后世为避“长”字，就用同义字“修”字来代替，于是便有了双音词“修长”。如今在形容一个人的身材美好时，常用到这个词。

汉文帝刘恒，与神话故事里“姮娥”名字中的“姮”字读音相同，于是用“嫦”字代替，于是便有了双音词“嫦娥”。这个美丽的名字被人们传颂数千年，如今更响亮。

再说刘氏王朝有个汉景帝，名叫刘启，在《史记》中，凡用到“启”字，都用“开”字来代替。“开”字有打开、启动的意思，与“启”字同义，所以后来有了双音词“开启”。

“开启”这个词人们经常用到，表示打开、启动，如开启科学的大门、开启知识的大门；也表示开始，如开启新一代思潮。即便在日常口语中，人们也常提到这个词，如开启瓶盖子。

军队得胜奏乐曲——凯

kǎi

凯

甲骨文的“凯”字是个象形字，也是个会意字，像是架起的一面鼓的形状。上面的字形像是鼓的装饰物，当中像鼓面，下面像鼓架，表示军队打仗归来，击鼓奏乐，以示欢迎和庆祝。“凯”字本义指“军队得胜回来所奏的军乐”。

小篆将鼓上面的装饰物倾斜，表示这面鼓是在行进中奏乐，一面走一面敲，自然有点歪斜了；隶变后的楷书写作“豈”；如今简化为“岂”。本义指“军队得胜回来所奏的军乐”。

后来，这“豈”字借作它用，古人便在“豈”字右边另加表示鼓架子的“几”字，写作“凱”，用来表示得胜回来奏军乐。如今“豈”字写作“岂”，“凱”字也写作“凯”了。

“岂”字作了偏旁，也可单用。凡以“岂”字取义的字，都与“和乐”等义有关。

楷书的字形由小篆演变而来，写作“凱”，现简化为“凯”。

“凯”字的本义指“军队得胜回来奏的军乐”，如打胜仗的歌称“凯歌”，战胜归来称“凯旋”。

小篆

凱

隶书

凯

楷书

豆豆躺在妈妈怀抱里——凯

繁体字“凱”字由“山”“豆”“几”三部分组成。简体字写作“凯”，原先“岂”字那像乐器“鼓”的形状不见了，敲鼓欢庆军队打胜仗凯旋归来的意境也随之消失了。此话一笔带过，言归正传。

民国年间，南京夫子庙文德桥头测字大师胡铁嘴，除了善测字，在给人起个名字方面，也堪称高手。

有一天，胡铁嘴家来了几个熟人，都抱着小宝宝找胡大爷起名儿。信府河周大爷家生了个孙子，周大爷喜得合不拢嘴，要胡铁嘴起个气势大、叫得响的名儿。胡铁嘴开玩笑地说：“就叫周天吧。天最大，没比天更大的了。”周大爷摇摇头说：“不习惯起单名，还是三个字吧！”胡铁嘴说：“那就叫周天子好啰！”周大爷一听害怕了，说：“当今还有皇帝哩，称天子要掉脑壳啊。”

胡铁嘴一锤定音：“你家姓‘周’，孩子他娘姓‘易’，就叫‘周易’吧。这个名好记，谁不知道老祖宗传下来的《周易》啊。”周大爷听了，喜滋滋地抱着周易回家了。接下来是大行宫药房蒋掌柜为新添的孙子来求名。胡铁嘴当过药工，跟蒋掌柜相识，便问：“孩子他娘不是跟刚走的周大爷家同宗么？”

蒋掌柜不满地说：“两家带点儿亲。这周大爷眼拙，他刚刚喜得忘乎所以，竟不认识我了。”胡铁嘴道：“莫见怪，远亲不如近邻嘛。我看你孙子就叫‘蒋周易’吧。‘蒋’‘讲’同音，知书识理才讲《周易》。‘易’字有容易之义。孩子易于成人。”蒋家抱着蒋周易欢欢喜喜地走了。

家住白下路的凯大爷和老伴抱着小外孙来求名儿。他俩要求这小名儿叫得响又不俗气，还得顺带着，把凯家的血脉放进去，因为他俩就这么个独生女。这个要求让人有点为难，可难不住胡铁嘴。他一深思，说：“就叫豆豆吧。俗话说，砸不烂的铜豆豆。‘豆’字有活泼机灵生命力旺盛之义。种豆得豆，必有所收获。再说‘凱’字是稀姓，又有得胜凯旋之义，正巧‘凱’字里面有个像‘鼓’一样的‘豆’字。这‘豆’字躺在妈妈怀抱里多安稳啊。”凯大爷和老伴，抱着外孙豆豆笑呵呵地回家了。

kǎi

楷

孔子墓旁的楷树

古代的“楷”字，是个左右结构的形声兼会意字，左边的“木”为形符，表示与树有关；右边的“皆”是声符，读“jiē”。两形合一，指孔子死后，其弟子在他墓旁所种的黄连木，这是一种树的名称。所以“楷”字的本义指“黄连木”，读作“jiē”，后“楷”又读作“kǎi”。

“楷”字为什么用“皆”字作声符呢？因为黄连木这种树的枝干全是直的，而“皆”字有全、都之义，所以“楷”字用“皆”字作声符并会意。

还有人认为，孔子墓前的黄连木又名“楷树”。为什么称之为“楷树”呢？因为孔子是圣人，他是为人师表、万世楷模，因此这种树又称“楷树”，也称“孔树”。

“楷”字的本义也是指树的名称，也可以说指楷树。由此又引申指“模范、法式、学习的榜样”，如楷模。

“楷”字由楷模这层意思，又引申指汉字的字体“楷书”。楷书笔画平直，形体方正，可视作汉字字体的标准，所以以“楷书”为名。楷书的出现，纠正了隶书的笔画纠缠不清和草书的没有标准的情况。汉朝末期就已开始使用楷书，一直使用到今天。

小篆

隶书

楷

楷书

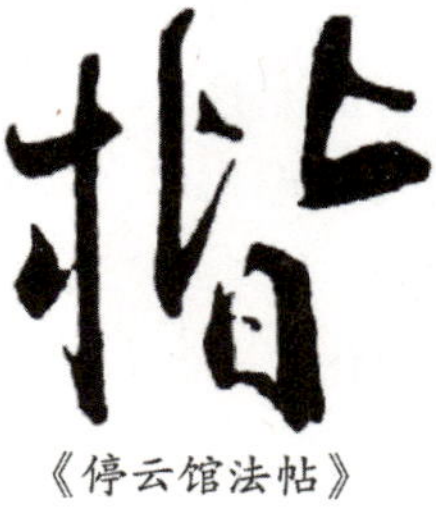

《停云馆法帖》

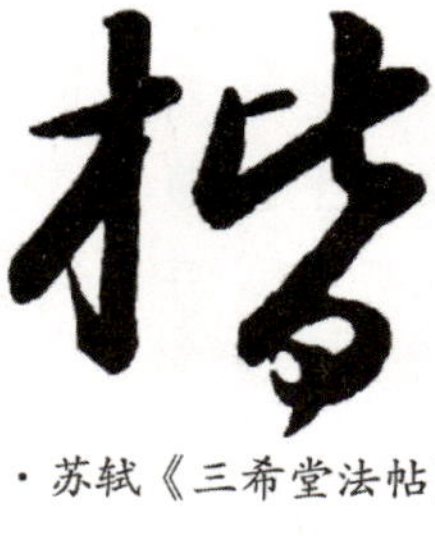

宋·苏轼《三希堂法帖》

王安石诗谜作贺礼——楷

王安石是北宋政治家、思想家、文学家。仁宗庆历年间中进士，当过宰相，封为荆国公，所以又称“王荆公”。

王安石书文俱佳。广为人知的是，他为人随和亲切，常常与平民百姓在一起。

却说这一年春节，他有一位诗友的儿子结婚。王安石收到了请帖，并答应到时一定参加，为新人祝福。

王安石是个忙人，杂务缠身，待到人家婚宴快开始时，他才匆匆动身去诗友家。临行时心急慌忙，没带什么礼物。王安石骑在马上，走不了几步，便找到一份“厚礼”。

到了诗友家，王安石被安排在上席。待新人来敬酒时，王安石含笑而起，对两位新人说：“今日我不做俗人之举，送钱送物，我以一首诗权当礼物，祝愿你们夫妻恩爱，白头到老。”

王安石说罢，高声吟道：

十八妙龄定情缘，
两相倾心结为伴。
白头到老长相依，
珠联璧合堪为范。

新郎新娘原也是知书识礼的。他们一听，便知道这首诗里藏着一个“楷”字。不是么？“十八妙龄”指的是“木”字旁，“两相倾心”指的是“比”字，“白头到老”指的是“白”，三个字组合起来是“楷”字。王安石要他们相亲相爱，做一对模范夫妻啊。

两位新人连连拜谢王安石的美好祝愿。

手放眼睛上向远方看

kàn

看

“看”是一个会意字，它最早出现在小篆中。小篆中的“看”的上半部分是一只人的手，手的下面是一个“目”字，表示人的眼睛，整个字合起来就表示用手放在眼睛上方的额头部位，向远处望。在隶书以后，“看”基本上就写作今天的字形，表示集中视力注视某一固定地点。即使今天，我们在看远处事物时，也是以一手放在额头上搭凉篷，遮住阳光，以便看得更清楚些。显然，这是个会意字。

“看”的本义就是“朝远处望”。

“看”是个多音字，有两个读音。首先，当它读作“kàn”时，在它的本义上可以引申为“使视线集中接触人或物”，如看书、看电视，这是“看”最基本的用法。如果两个人在商量事情时，一个人提出了自己的想法，说出经过观察或考虑后得出的结论，这就是“看法”。

“看”还有看待、对待的意思，如另眼相看。

“看望”的“看”表示访问、拜访，而“看病”的“看”，是诊治的意思。

“看”的另一个读音是“kān”，是守护、照料的意思，如看门、看家、看护。

小篆

看
隶书

看
楷书

唐太宗《淳化阁帖》

宋·苏轼《三希堂法帖》

明·王铎《草书诗卷》

不能把手放在太阳上——看

周教授是位教育专家，特别对学龄前儿童的认读教育倾注了大量心血。他根据现代孩子生活环境的特点，主张以寓教于乐的方式，使学前儿童认识一些字。为此，他常到幼儿园，看孩子们是怎样认字的。退休后，还念念不忘这件事。

这天，周教授路过一家幼儿园，听见孩子们在读儿歌，他便信步走进去。老师们都认识他，将他迎进教室，老周示意老师别妨碍孩子们学习，自己端了张小凳，坐在后面。

今天老师教的是“看”字。老师刚出示字板，许多小朋友便大声叫起来：“这是看，看见的看！”更有一个性子急的小男孩，跑到黑板前，用粉笔写了个“看”字。可惜，他把下面的“目”字写成“日”字了。大多数小朋友没发现“目”字少了一横，仍在读着“看”字。

教课的老师不失时机地说：“我们请周爷爷说说，这个字对不对呀？”

老周站起来，使劲挤挤眼睛，问:“小朋友,这是什么？”

小朋友们齐声说：“这是眼睛！”

老周在黑板上画了个眼睛，写了个“目”字。

老周用一只手搭在眉毛上，问：“这是干什么？”

小朋友们齐声说：“看，你在看。”老周在黑板上写了个“手”字，又写了个“看”字。

老周指指写错了的“看”字，问当中的“日”字：“这是什么？”

小朋友们齐声说：“日，太阳！太阳！”

老周问：“手能放在太阳上吗？”

“不能！不能！”小朋友们同声地喊，有的还大声说：“太阳上面全是火，烫死了！”

有的说：“太阳离我们远，手够不着……”孩子们越说越多，远远超出“看”字的范围了，看来周教授是难以控制这吵吵嚷嚷的局面了。

演奏摇铃安乐健康

kāng

康

甲骨文

金 文

小 篆

康

隶 书

康

楷 书

对“康”字的字形有两种解读。

有学者认为，甲骨文的“康”字是个上下结构的指事字，上面是“庚”字，读“gēng”；下面是四个小点。甲骨文的“庚”字是象形字，字形像两耳有把儿可摇的响铃一类的乐器，如同后来的“拨浪鼓”。小篆写成两手捧“干”形，隶变后的楷书写作“庚”。“康”字上面的“庚”字作摇铃，下面四点象征摇铃发出的悦耳的乐声，表示正在演奏乐铃。能演奏乐铃表示享乐，又引申指“安乐健康”。此说认为康字的本义指“演奏乐铃”。

还有一种解读认为，古代的“康”字是个左上包围结构的形声字兼会意字。下面的四点作形符，指米糠；“庚”字作声符，读“gēng”；因“庚”字是筛米去糠的筛子，稻谷舂后经“庚”筛落下的碎屑，也就是下面的“四点”，这就是“糠”。从这个意思讲，“康”字就是“糠”字的古字、本字，是最早的“糠”字。

小篆的字形由金文演变而来，变成了从“米”“庚”声的形声会意字。隶变后楷书写作“康”。

“康”字的本义指“糠”。

这两种解读大相径庭。我们还是采用第一种解读：“康”字的本义指“演奏乐铃”，由本义引申指“平安、昌盛、广大”，如康乐、安康、康泰、康健、康宁、健康、小康、康庄大道。

“康”字也作姓氏用。

米覆庚为“康”

测字术在秦代就出现了，到了汉代大为盛行。在测字术流行之前，古代文人就有一种剖析文字的雅好，所以测字术大都是将一个字拆解开来，做出种种解释，预卜未来。在《左传》中有“止戈为武”之说。将“武”字拆解为“止”“戈”二字。当然，这里讲究形似，并不要求一笔一划相同。《韩非子》中的“自环者为私，背私者为公”，就是将“私”字与“公”字拆解开来分析的，这就是剖析文字。

古代文人，还喜欢将文字的剖析拆解，当作一种文字游戏，把这看成是一种智慧，一种乐趣。对此，有史书为证。

汉代有本历史著作《越绝书》，作者跟后人开了个玩笑，书上没有留作者姓名，后代人一直不知此书为何人所著，直到一千五百多年后的明朝，有位名叫杨用修的人才发现其中奥秘。

杨用修做了一番钻研，才发现在《越绝书》的序言中，隐喻着该书作者的姓名和籍贯。序言中写道：“以去为姓，得衣乃成。厥名有米，覆之以庚。禹来东征，死葬其疆。不直自斥，类自名。”这里隐藏着第一位作者的姓名和籍贯。第一句“去得衣”是“袁”字；“米覆庚”是“康”字；由此可知他姓袁名康。“禹葬会稽”指他是会稽人，即今日浙江绍兴人。

序中还有一段：“文属辞定，自于帮贤。帮贤以口为姓，丞之以天。楚相屈原，与之同名。”这里的“以口丞天”是“吴”字。屈原名平，与他同名可知此人叫吴平。

作者花了这么多笔墨，告诉后人，《越绝书》这部著作，是“袁康”和“吴平”二人创作的。这两位为何要绕这么大的圈子，让后人以拆字游戏的方式来猜他们的姓名呢？是为了隐姓埋名，还是为一时高兴，做个文字游戏？这只得由有同等雅好的后人去探究了。

kāng

糠

甲骨文

小篆

糠

隶书

糠

楷书

稻麦碾后的皮壳——糠

“糠”字是个左右结构的形声字兼会意字，左边的“米”字作形符，表示跟稻米有关；“糠”字右边的“康”字读“kāng”，作声符并会意。“米”字与“康”字组合，指稻谷麦子经碾压后剩下的皮和壳。因是指稻谷经碾压后剩下的皮壳，这和稻米有关，所以古人用“米”字作“糠”字的形符。

古人为什么用“康”字作“糠”字的声符呢?

小篆的“康”字是个会意字。由“庚”字和“米”字简省的写法组合而成。“庚”字读“gēng”，在甲骨文中是个象形字，字形像左右两边有耳把可摇动，有人认为这是一种乐器，名为“响铃”，即日后的拨浪鼓。但也有学者认为，“庚”字为簸箕，“庚”字与“米”字组合，意为用簸箕上下颠簸筛后剩下的谷皮和壳，这就是“米糠”。由此可见，“康”字是“糠”字的本字，是最早的“糠”字，所以古人用“康”字作“糠”字的声符。后来这“康”字假借指“安乐、安宁”，又引申指“健康”之“康”了。

楷书的字形由小篆演变而来，写作“糠”。

“糠”字的本义指“从稻麦子实上脱下的皮壳”，如秕（bǐ）子和糠称“秕糠”，比喻没有什么价值的东西，也称作“糠秕”；从米糠中提炼出来的油称“糠油”；还有稻糠、矮糠、砻（lóng）糠、糟糠等词。

“糠”字假借指“质地松软，缺少水分”，如糠萝卜、甘蔗糠了不好吃。

“糠”字也用来形容发抖，如因受惊吓或受冻而冷得发抖称“筛糠”。

饿了吃“糠”甜如蜜

“糠”字作名词用，指稻、谷子等作物籽实的皮或壳。糠没有什么营养价值，农村大都用来作猪饲料。饥荒时也可当食物充饥。

有个俗语“饿了吃糠甜如蜜，饱了吃蜜蜜不甜。”意为：饥饿时吃糠味道甜如蜜，吃饱时就是吃蜜也不甜。说起这一俗语的出典，有段历史故事。

汉朝到了汉成帝时，大汉江山已渐渐衰败。汉成帝的母亲、皇太后王政君有八个弟兄。二弟的次子叫王莽。此人颇有心计，他广罗人才，使尽诡计，夺取朝政大权。公元八年，王莽当了皇帝，实行新政，弄得民怨沸腾，加上正逢荒年，官逼民反，义军蜂起，杀奔京城长安。

汉朝有个远房宗室刘秀，他一心要恢复刘氏王朝。他率领起义军攻城掠地，攻进长安，杀了王莽，最终夺回了政权，他定都洛阳，建立了东汉，这便是汉光武帝。

史书上记载他当了皇帝后蛮不讲理的一件事。刘秀在宫里吃腻了山珍海味，美味佳肴。他想换换口味，不由想到当年造反时，有一次饥渴难忍，便到一农户家讨食吃。一位老太太将家中仅剩的一块糠菜饼让他充饥。刘秀狼吞虎咽，三两口就吃光了，只觉得香甜可口，味美无比。于是他令御厨给他做个好吃的饼让他尝尝。

御厨拿出看家本领，给他做了个正宗的面饼，谁知刘秀咬了一口，便破口大骂，说这饼难以下咽，当即下令将厨子关进水牢，听候处理。有位太监劝道：“皇上息怒。那饼既然好吃，派人到那庄子，将老太太请来再为您做个岂不更好？”刘秀觉得这个主意好，便说出当年落难的地点，派人驾着马车，日夜兼程，将那老太找来，专为汉光武帝做饼子。

刘秀不忘老太太相救之恩，以礼相待。老太太是个深明大义的人。他在途中已听说有位厨子因做的饼不合皇上胃口而下狱。她对刘秀深深一拜，道：“皇上当年吃的是糠饼。俗话说‘饿了吃糠甜如蜜，饱了吃蜜蜜不甜’。那天皇上是几天没吃饭，吃什么都香甜啊。”

刘秀听了，点头称是。他下令放了厨子，又留老太太在京城住了几天，送了厚礼，这才派人将她送了回去。因此，民间才流传了“饿了吃糠甜如蜜，饱了吃蜜蜜不甜”这一俗语。

kǎo

烤

用火烘熏——烤

“烤”字是个后来产生的字，《说文解字》中未收入。

“烤”字是个左右结构的形声字兼会意字，左边的“火”字是形符，表示跟火的光和热有关；右边的“考”字是声符兼表意，读“kǎo”；这两个字形组合在一起，指“用火烘或熏”。因是用火烘熏，所以用“火”作形符。

为什么用“考”字作“烤”字的声符呢？有人认为，“考”字有“老”字的含义。老人常有身体瘦弱干枯之状，脸色呈焦黄之相，而凡是被烤的东西，大都有枯黄的颜色，所以“烤”字用“考”字作声符并会意。此说虽有点牵强，但也自成一说，不无道理。

楷书的字形写作“烤”。

“烤”字的本义指“用火烘熏”，如靠近火取暖称“烤火”，用来烘烤食物等箱形装置称“烤箱”，挂在特制的炉子里烤熟的鸭子称“烤鸭”。另有烤烟、烤电、烤串羊肉等都是用火熏烤之义。

小篆

隶书

烤
楷书

齐白石创造"烤"字

一个汉字的形成，要流传下来，并得到千百万人的认可，为今日十四亿人所使用，那是经过历史的锤炼，凝聚着一代又一代人的智慧才定型的。偶尔也会有一些字，经某一个人反复研究推敲，首先倡导使用，后来被众人认可而列入字典的。即便如此，这些字也是在前人定型的字体中略加调整而形成的。有史可查的，仅仅是上世界三十年代，著名学者刘半农创造了"她"字，大文豪鲁迅创造了"猹"字。有人还补充说，大画家齐白石创造了"烤"字。

齐白石（1863–1957），原名纯芝，后改名璜，号白石，湖南湘潭人，是中国现代书画家、篆刻家。中年时多次出游南北各地，五十五岁后定居北京，专业作画、刻印。

对齐白齐创造"烤"字一事，已故学者邓拓先生在其所著《燕山夜话》一书中有所考证。

上个世纪三十年代，在北京西城区繁华的宣城门内大街，有一家著名的"清真烤肉苑"，齐白石先生常到这家餐馆用餐，跟餐馆老板成了朋友。大约是1946年左右，店主请齐白石为"烤肉苑"写个招牌。齐白石一口答应，但拿起笔来，却被"烤肉苑"三个字中头一个字考问住了，不知这个字该如何写才好。他放下笔，让店主拿来字典，翻了半天，只有"考""烘""焙"（bèi）这些字，他觉得都不确切。沉思了好一会，他对店主说："你这'烤'肉既不是烘出来的，也不是熏出来的，又不是焙出来的。用'考试'的'考'字更是文不对题。我想，烤肉要用火，就加个'火'旁取其义，'考'字取其音写成个'烤'字吧。"于是他提笔写了"烤肉苑"三个遒（qiǔ）劲的大字。写完，意犹未尽，又在下面加了一行小字：钟鼎本无"烤"字，此是齐璜杜撰。

白石老人自谦，说这"烤"字是"杜撰"。但这个字造得很合乎汉字原理，用在此处也非常恰当，所以此字被广泛使用，被各种字典收录。

在众多研究汉字的专著中，都说"烤"字在古籍中未曾见过，属新产生的字，可见此字为齐白石所造了。

kào
铐

小篆

铐
隶书

铐
楷书

锁住手腕的刑具——铐子

古代的“铐”字是个左右结构的形声字，左边的金字旁是形符，表示这个字与金属有关，是金属制品；右边的“考”字是声符，读“kǎo”，指锁住犯人手腕的刑具。

从古至今，锁犯人的刑具多种多样。古代有木制的枷锁，是一种套在犯人脖子上的刑具，还有绳索、铁链子之类。现在常见的是金属制的手铐，所以用“金”字作形符。“金”字简化后成“铐”。

“铐”字的本义指“锁住犯罪人手腕的刑具”，后来专指手铐，如铐子、镣铐。

人们常说的脚镣、手铐，都属刑具，“铐”是锁住犯人的手腕；而“镣”是套在犯人脚腕上的刑具，只有重刑犯人，才同时戴上脚镣和手铐。

“铐”字由本义引申指“给犯人戴上手铐”，在这儿作动词用，如把杀人犯铐起来。

【瓦当欣赏】

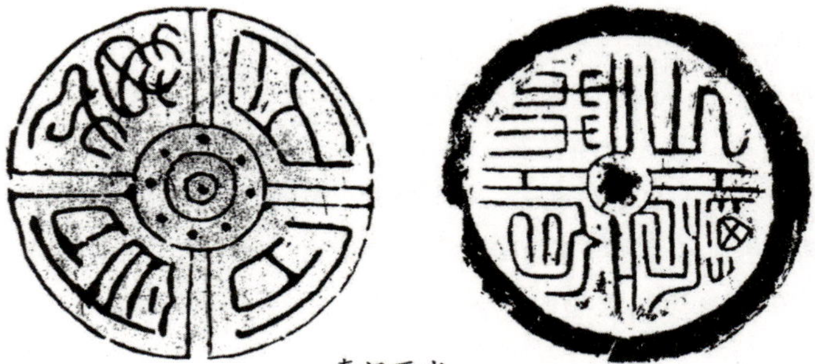
秦汉瓦当

迟到的醒悟——铐

江苏教育界有位出色的青年教师，名叫宋世才。他天资聪慧，才思敏捷，加上他勤奋好学，没几年，便由小学语文教师升任校长，后来当上了市教育局副局长。

宋世才精通语文教学，特别对小学生识字教学颇有研究。工作之余，他潜心钻研汉字，广泛收集资料，写出了一部洋洋百万字的《戏说汉字》。这部书，用生动有趣的情节、诙谐幽默的笔调，写出了近千个汉字故事，为识字教学提供了丰富的资料。

《戏说汉字》出版后，好评如潮。宋世才再接再厉，又收集了不少资料，准备再版时补充上去。他是个有心人，随时注意收集和构思。他把“劣”字，编成一个耍滑偷懒“少”出“力”的包工头的故事；他把“姑”字，写成一个“古”怪“女”人的故事；他把“娘”字，写成一个“良”家妇“女”的故事；他把“规”字，说成“丈夫的见解”；“佯”字是披着羊皮的假善人……

正当宋世才雄心勃勃，准备把这些补进《戏说汉字》时，不料，东窗事发，他被警察用手铐铐进了大牢。案情并不复杂。几年来，宋世才跟几个书商勾结，在全市中小学推销辅导教材。书商们赚了个盆满钵满。他们也没亏待宋局长，先后给了他二十多万元作回扣……

如今，宋世才锒铛入狱。在狱中他常看到犯人们押进来或押出去，一个个都是戴着手铐。看到这亮闪闪的手铐，他想到了这“铐”字，左边是金钱的“金”字，右边是考验的“考”字，这何尝不是暗喻，他是因为没能经受住金钱的考验，这才落得被“铐”进牢房的下场啊。

宋世才对“铐”字有这番别出心裁的解读，这也算得上是迟到的醒悟啊。

从生的小草——苛

kē

苛

金文

小篆

隶书

楷书

小篆的“苛”字是个上下结构的形声字，上面的草字头作形符，表示跟花草有关；下面的“可”字读“kě”，作声符；“可”字与“草”字相组合，指丛生的细碎的小草。

楷书的字形由小篆直接变来，写作“苛”。

“苛”字的本义指“丛生的小草”，因小草细碎，引申指“繁琐、细碎”，如烦琐的礼节称“苛礼”，繁重又繁杂的税收称“苛捐杂税”，苛刻烦琐、显示精明称“苛察”，苛刻烦琐又称“苛细”，苛捐杂税又称“苛杂”。

“苛”字又引申指“过于严厉”，如苛刻的评论称“苛评”，苛刻地对待称“苛待”，过严的要求称“苛求”，过严的责备称“苛责”，残酷压迫、剥削人民的政治称“苛政”。

“苛”和“苛政”

“苛”字作形容词用，指苛刻，过于严厉，如苛求；“苛”字也表示烦琐，如苛捐杂税。

有个词叫“苛政”，指残酷的压迫、剥削人民的政治。说起“苛政”的出典，有段历史故事。

孔子是春秋末期的思想家、教育家。他创立了儒家学说，世世代代，被人们看作是“圣人”，他的言行被弟子们记录下来，成了后世人学习的资料和榜样。

据史记载，有这么一天，孔子坐着马车从泰山山脚下一条大路经过，不远处有座小山村，村后树林里传来一阵撕心裂肺的嚎哭声。孔子令学生子路将车停下，他亲自下车察看，发现树林里有座新挖的坟茔（yíng），一位年近半百的妇人，伏在坟堆上，呼天抢地，哭得十分悲伤。

孔子与子路走到坟墓旁，站了一会，没有惊动妇人，任由她痛哭了一阵，安慰道：“人死不能复生，节哀吧。”妇人这才坐地上，不断抽泣着，以袖擦泪。孔子弯腰低声问：“逝者是何人？让你这般悲伤？”

妇人垂泪道：“我家世代居住于此，山上猛虎出没，经常下山吃人伤人。二十年前，我公公被老虎吞食。十多年前，我丈夫也死于虎口。如今我儿子又被老虎咬死，这让我怎么活啊！”说罢又泪流不止，低声哭泣。

孔子听了，忍不住问：“这儿既然猛虎出没，你家为何不迁往别处居住呢？”妇人仰头愤恨地说：“这山里虽有虎，但没有苛捐杂税和残酷的政令啊。”

孔子听了，沉默了很久，对子路说：“小子识知，苛政猛于虎也。”这话的意思是，年轻人啊，要记住，残酷的剥削和压迫，比老虎还凶猛啊。

后人根据孔子这段话，总结成“苛政”一词。“苛”，表示苛刻、烦琐；“政”，指残酷的政令和制度。后来又由“苛政”一词发展成“苛政猛于虎”这一成语，指苛刻繁重的政令及赋税，比老虎还凶猛可怕。

庄稼的等级——科

kē

科

金文

小篆

隶书

楷书

“科”是一个左右结构的会意字，左边的“禾”表示庄稼，右边的“斗”在古代是一种量具。在《说文解字》中，“科”的本义是“程”。“程”就是等级，所以“科”的本义是“按庄稼好坏所分的等级”。

把“科”字当形声字也无不可。“科”左边的“禾”是声符，右边的“斗”是形符，表示这个字与量器有关。因为“禾”指谷物，在这儿既当声符又会意。“科”的本义指“计量谷物的标准或法则”。这一说法，与前面的说法也是相符的。

现在“科”的意思比较广，可以指学术或业务的类别，如科学、学科、科目、文科、牙科。

“科”也可以指行政机关或某些机构的行政部门，按工作性质分设的单位，如秘书科、财务科。

“科”也有判定刑罚的意思，如科处徒刑。坐过牢的人或有过犯罪记录的人称为有“前科”。由“科”的这个意思可以引申为“决断、判决”，如照本宣科。

另外，在古代的戏曲中，“科”也指角色表演动作时的用语，如笑科、哭科等。

《隶辨》

北魏《中岳庙灵碑》

为孙科测字——科

多数汉字可拆可卸，这就形成了一个有趣的文字现象：拆字或测字。测字成了一门学问，一门技艺，有人以此为生。

测字，在历史上造成过悲剧，也有过喜剧。有人为此送了命，丢了江山，如清代的查嗣庭出了个考题“维民所止”，被人揭发，“维止”二字是去了“雍正”的头，于是查嗣庭被雍正皇帝下令斩首。至于明末崇祯皇帝测字丢江山的故事就更为生动了。

另有一段，说的是为国民党元老孙科测字的故事，也很有趣。

却说1948年前后，国民党统治摇摇欲坠。蒋介石说要下野，由国民党元老孙科出面组阁。

当时，有不少人为孙科测字，预测他的凶吉。

在众多测字人中，有一位说他的“科”字不吉利。认为“科”字是“谈和无口，欲斗无门”。这一论断，真是妙极了。

共产党领导的解放军节节胜利。这时国民党再要谈和，已失去了机会，所以说“谈和无口”，而“科”字的左边是“禾”，而右边没有“口”，所以成不了“和”。繁写的“斗”字有三种，其中有一个“鬦”字，是“门”字内一个“斗”字。而“科”字的右边是“斗”，但没有“门”，斗不起来。这时国民党已无实力可斗，所以说“欲斗无门”。

这位先生测的“科”字，既有艺术性，又有思想性，可谓测字高手。

［瓦当欣赏］

秦汉瓦当

kè

咳

甲骨文

金文

小篆

咳
隶书

咳
楷书

婴儿的笑——咳

“咳”字是个左右结构的形声字，左边的“口”字作形符，表示跟“口”有关；右边的“亥”字读“hài”，作声符。“亥”字与“口”字组合，指婴儿的笑。

婴儿躺在摇篮里，或在母亲的怀抱里，吃饱喝足，常常手舞足蹬，发出“咳咳（ké）”的笑声，表示他的愉悦快乐。所以古人以“口”字作“咳”字的形符，以“亥”字作“咳”字的声符。

“亥”字在甲骨文中是个象形字，字形像切割了蹄、头的猪。它是“刻”字的本字，最早的“刻”字。“亥”指“猪”，右边的立刀旁表示“刀”，指用刀杀猪。“亥”字本义指“切割”，后来表示十二生肖末位的猪。这样原来的切割之义便另加立刀旁写作“刻”，读“kè”。“亥”与“口”组合，隶变后的楷书写作“咳”。说到这儿，我们再回到“咳”。“咳”的本义指“婴儿的笑”，这时读“hài”，表示笑声。后来假借指“咳嗽”，这时读“ké”。这与“刻”同音，好像没什么瓜葛。

可见“咳”是个多音字。读“hài”表示伤感，后悔或惊异，如咳，我真不该这么做啊。读作“ké”时作动词用，表示咳嗽，如他连咳带喘。“咳”字还指“咳血”，与咯（kǎ）同义，常用的词还有咳痰、干咳、止咳等词。

借“咳”骂客

“咳”字是个动词，常用的词是“咳嗽”。咳嗽指喉部或气管的黏膜受到刺激时迅速吸气，随即强烈地呼气，声带振动而发声。咳嗽是保护性的反射动作，能清除呼吸道中的异物或分泌物。这也是某些疾病的症状。

“咳”字也读“hài”，作叹词，表示伤感、后悔或惊异，如“咳，我怎么这么糊涂呀！”“客”字是名词，指客人，跟“主”相对，如宾客、请客、家里来了客人。“咳”字与“客”字毫不相干，但因两字谐音，有人便闹出现场笑话来。

却说几十年前，在苏北建湖县湖垛镇上有户姓周的人家，当家的是周老太太。周老太太省吃俭用，舍不得浪费一分钱。家里讨了个媳妇，却是个性格豪爽、大手大脚的女汉子。因湖垛镇外每个水陆码头，南来北往的人都打这儿经过，所以周家来客多。客人来了就得张罗吃喝，这可把周老太太心疼死了。

这天中午，来了几位客人，都是儿媳家的七姑八姨。儿媳热情招待，劝吃劝喝。坐在桌上的周老太太一脸阴沉，不时地抬睛盯着大口吃肉的客人。她看在眼里，心中不爽，不觉就“咳咳咳”地小声咳嗽起来，但连咳几声，客人动作仍然不止，于是就越发大声地咳起来。

客人们见她咳成这样，都放下碗筷，关心地问：“老太太，慢点儿咳，要不要请个郎中来瞧瞧啊！”说罢，还纷纷为她端水捶背安抚她。

周老太太仍是大声咳，还继继续续说：“不妨事，我……我这是老毛病。每天早不咳呀迟不咳，偏偏中午吃饭就来咳（客），哎哟哟，咳（客）来咳（客）去，一天到晚咳（客），咳（客）到什么时候止（走）呀……”

客人们听出了话外之音，一个个放下饭碗知趣地走了。客人们一走，周老太太不咳了，跟着便是儿媳的大嗓门，跟周老太太吵吵起来。

手捂嘴巴低声交谈——可

kě

可

甲骨文

金 文

小 篆

隶 书

楷 书

“可”字是个会意兼形声字，当中的“口”字是形符，表示口中发出声音；右上方的“丁”，是声符。有人说这“丁”字形表示从口中吐出的气，代表语气。此说难以令人信服。有人考证，认为这个形符是人的手掌和右手臂的象形简写，表示人们在不得已的情况下，用右手捂住嘴巴轻声咳嗽或压低声音说话。后来的金文和小篆的字形，基本上没什么变化，都是这个形状。

为什么用手捂住嘴巴？这与远古时代先民们的生活状况有关。为了生存，他们必须狩猎或进攻别的部落，在伏击野兽或袭击敌人时，不能发出响声，只能以手捂住嘴轻声咳嗽或低声交谈。因为只有这样才能减小所发出的声音，不影响捕猎，不被敌人发觉。因而以手捂嘴巴的这一动作，就产生了“可以”的“可”。所以“可”的本义是“允许、能够”，如认可、许可、不置可否。

“可”由本义转义为“值得”，如可敬、可爱、可悲。

“可”表示适合，如可口、可心、可意。

“可”表示能够，如可以、可能、可大可小。

“可”表示强调，如可厉害啦、可不容易啊。

“可”有转折作用，表示但、却，如可是。

“可”表示疑问，如你可看准了？可能吗？

吉祥的梦——可

清朝乾隆年间，乾隆皇帝年老体弱，这年春天，他患病卧床，已有好几天没上朝了。

纪晓岚到寝宫去看望他。乾隆闷闷不乐，他说做了个梦，很不吉利。纪晓岚说："说来听听，我为皇上解梦。"

乾隆说："昨夜昏沉沉的，我梦见护城河的水都干了。你想，河水干了，河里的鱼虾怎么办？"

纪晓岚知道，乾隆还有句话没说出口。他是真龙天子，河里没水，龙就失去处所，这确实是个不祥之兆，难怪老皇帝要愁眉苦脸了。

纪晓岚是个聪明绝顶的人，这点小事难不住他。他一沉思，计上心来。他当即跪下，磕头祝贺："皇上，这是吉祥之梦呀。河里水干了，没有水，就是个'可'字，'可'字是个吉祥字，万事皆可，并无不可，可喜可贺，皇上病很快就可好啦。"

乾隆一听，觉得十分在理，也很高兴，心情一好，精神大振，也想吃饭喝粥了，再加上御医调理，第二天病便好了。

无可救药

kē

坷

小篆

坷

隶书

坷

楷书

道路坎坷不平

“坷”字是个左右结构的形声字兼会意字，左边的提土旁是形符，表示此字跟土有关；右边的“可”字是声符，读“kě”。两形合一，指坎坷，也就是指道路高高低低，很不平整。因为指的是道路不平整，而道路离不开土地，所以“坷”字以提土旁为形符。

古人之所以用“可”字作“坷”字的形符，因为“坷”字与“坎”字组成“坎坷”一词，表示道路高低不平，“坎坷”二字从“欠”从“可”，而道路不平就有“欠可”的意思，所以“坷”字用“可”字作声符并会意。

也有人认为，古代的“坷”字是个会意字，字形就像地面有凹陷。左边的“土”字表示跟地面或泥土有关，右边是“可”字，字形像人张口打呵欠，有缺少之义，表示地面凹陷开口有所缺少。“坷”字本义指“坑穴”。此说也有道理。

楷书的“坷”字是由小篆直接变来的。“坷”字的本义指“低洼不平的地方”。

“坷”字是个多音字，读作“kě”时，与“坎”字组合成“坎坷”一词。“坎”字读“kǎn”，表示高出地面的硬状突起的土块，与表示凹陷的“坷”字组合成“坎坷”，指土地、道路不平，坑坑洼洼的。正因道路不平，就有不顺、曲折的意思，所以“坎坷”又用来比喻人的生活不理想、不顺利，人生不得志。

当“坷”读作“kē”时，与“垃”组成“坷拉”一词，指“土坎”。在方言中称“土坷垃”，也作“坷拉（kē lā）”。

半塘残荷——坷

南京夫子庙有位测字大师名叫胡铁嘴，胡铁嘴有位好友名叫徐文才，是大石坝街茶叶店老板，胡铁嘴一年四季的茶叶都是他进贡的。徐文才的亲朋好友，有什么疑难事儿，都由徐文才引见，来求胡铁嘴测字占断。

徐文才有位在杭州开茶场的朋友，人称唐老板。唐老板有龙井茶园三百余亩，也算大户人家了。经人撮合，唐老板的儿子与湖州何家的千金谈婚论娶。何家是名门望族，现在虽家道中落，但气势不减，似有下嫁唐家之意。唐老板自认为家财殷实，心有不甘，拿不定主意，特地赶到南京，由徐文才陪着，请胡铁嘴占断。

三人落座后，徐文才说明来意。按照规矩，唐老板从布袋里摸出个字，一看，是个"坷"字。胡铁嘴将纸牌拿在手里，反复看了好一会，咂咂嘴说："从'坷'字的字相字义看，都有不祥之兆。且不说一路坑坑洼洼、坎坷曲折，就看这'坷'字，左边为提土旁。这字既像'土'字，又像'士'字。尽管你唐老板家有良田数百亩，但在何家看来，仍是农耕刨土之人，而非绅士、名士、贤士、仁人之士，说不定将你视为土包子。依据何在？你看'土'旁的'可'字，这是何家的一大半哪。'可'由'丁'与'口'合成。'丁'字太旺，'口'字太弱，'口'字只能躲藏在'丁'字身下。'丁''口'不相匹敌，也不般配啊。"

唐老板也是个读过书的人。他反问道："依先生所说，这'可'字由'丁''口'相合。按理说，男方为'丁'，女方为'口'呀，否则哪有壮丁、兵丁一说？强势者应是我唐家呀。"

胡铁嘴笑道："唐老板只知其一，不知其二。现在'可'字中的'丁'字在'何'家，而'口'字在你'唐'家啊。"

唐老板无言以对，只有摇头叹息。胡铁嘴劝道："依我看，这'坷'字是'半塘残荷'。你唐家只占一半提土旁，他何家只剩一个'可'，将来难见满塘荷花啊。"

唐老板仍举棋不定。胡铁嘴悄悄对徐文才说："一个破落大户，公子小姐都属末代子孙，养尊处优，娇生惯养，手不能提，肩不能扛，有什么可攀的！"徐文才举起大拇指说："这才是实话！"

kě

渴

水已枯竭——渴

古代的“渴”字，是个左右结构的形声字兼会意字，左边的三点水是形符，表示跟水有关；右边的“曷”字是声符，读“hé”。两形合一，指水已枯竭，没有一滴水了，所以用三点水来表示。

古人之所以用“曷”字作声符，因为“曷”字有大声喝止的意思。喝令停止，指水不流动，于是干枯了。这“曷”字用在“遏”（è）字中表示阻止、遏制。用在“歇”（xiē）字中指休息停止，如俗话所说“歇口气”。正因如此，所以“渴”字用“曷”字作声符并会意。

也有人认为，“曷”字含有一无所有之义，因“渴”指看不到水，所以才用“曷”字作声符并会意。但此说很难找到依据，不如“停止”意那么明显。

“渴”字的本义指“水干涸”，读作“jié”。后来此义另造了个“竭”字来表示，也就是“枯竭”。

“渴”字后借代为口干想喝水，如干渴、饥渴、焦渴、解渴、口渴、消渴、望梅止渴。

人在干渴时很难受，迫切希望喝到水，这样“渴”字由本义引申指“急切”，如渴望、渴求、渴念、渴慕、渴想。

“渴”字也作姓氏用。

金文

小篆

渴

隶书

渴

楷书

酒席宴上谈“渴”字

酒席宴上，若有一两位见多识广、学富五车的文化人，且又有好口才，那才是一桌好酒席。

无锡就有一位这样的名人叫马汉文。如今退休，赋闲在家，但每晚必有饭局，朋友们都要请他到饭桌助兴。

这天，他的学生小陶在鸿云楼设宴，马汉文也到场了。酒过三巡，马汉文见一位小伙子默不作声，低头喝闷酒，好心地问：“看上去你有什么不快。这里都是朋友，说给我听听。”

小陶忙说：“马老，人家隐私怎么好问？你若能猜出来，我敬你三杯！”

大家起哄，要马老露一手，为小伙子测个字，解解他的心结。马汉文爽快地说：“好嘛，杯酒解愁，总比以酒浇愁好。说吧，测个什么字？”

有人说：“今日喝酒，测个‘酒’字吧！”

小陶说：“不！我这位朋友在渴求什么，请马老测解个‘渴’字吧！”

马汉字请服务员取来纸笔，写了个很大的“渴”字说：“真是太巧啦。现在刚好酒喝到一半，你就要测‘渴’字。你看，三点水是‘酒’字的左边一半，‘曷’字是‘渴’字的右边一半，这就叫酒喝一半，正当其时呀。”

众人一听，一个个兴奋起来。马汉文接着说：“从字面上看‘渴’是张口要水喝。去掉‘喝’字的‘口’旁换上三点水便成了‘渴’。渴者，渴望也，渴求也。小伙子渴求什么？是求贤若渴，还是求人若渴？依我看，他是求人若渴啊。”小陶不动声色，问：“马老，何以见得？”

马汉文指指“渴”字右下角一个小小的“人”字说：“他渴求的小人儿躲在这儿，不肯露面啊。”

众人惊呼起来。小陶更是竹筒倒豆子，说他这位朋友失恋了，大家才设宴为他解愁的。

马汉文看了看“渴”字，又分析道：“这‘渴’字可说成‘人口干’三字。而‘人口干’又可合成‘舍’字。‘舍’者，去掉也。懂得舍才有得，舍掉她，还有别人呢。天下何处无芳草，小伙子，打起精神来，再找一个。我提议，为他干一杯！”说罢，众人举杯，一饮而尽。

戴盔执戈的武士——克

kè

克

甲骨文

金 文

小 篆

克

隶 书

克

楷 书

甲骨文的“克”字是个象形字，也是个会意字，字形像一个戴着头盔、手执长戈的武士，表示两军厮杀后战胜敌方的意思。

金文承接甲骨文，将头盔复杂化，并将“戈”字改为“攴”，读“pū”或“pō”，表示手持棍棒或刑杖，有击打之意。小篆的字形承接金文，隶变后的楷书写作“克”。

“克”字的本义指“战胜、攻破”，如战胜敌人，攻下据点称“克敌”；攻克收复称“克复”；不能也称“不克”；“克敌制胜”指打败敌人，取得胜利；“攻无不克”，指每次进攻都攻陷敌阵，形容百战百胜。

“克”字由本义引申指“制服”，如用毅力战胜称“克服”。克制自己的私心，对自己要求严格称“克己奉公”。私自扣减应该发给别的财物而据为己有称“克扣”。抑制也称“克制”。“克”字又引申指“能”，如克勤克俭、不克分身。

“克”字假借指“严格规定时间”，如克日完成、克期动工。又假借指“消化”，如帮助消化的食物称“克食”。

“克”字指公制重量单位，一千克等于一公斤。

“克”字常作翻译用字，如克拉、马克、坦克、巧克力、克格勃、爱克司光等。

“克”和“克己奉公”

“克”字表示“能”，如 克勤克俭；也表示“克服、克制”，如克己奉公。成语“克己奉公”，指严格要求自己，奉行公事。

说起这一成语的出典，有段历史故事。

距今两千多年前的西汉末年，王莽篡夺刘氏王权，实行新政，他的倒行逆施，引起全国民众的反抗。最后刘秀消灭了王莽的新朝，夺回了刘氏家族的皇帝宝座，建立了东汉王朝，刘秀称帝，他便是汉光武帝。

光武帝刘秀在起兵进攻王莽时，率军路过颍阳，即今日河南许昌，他认识了一个名叫祭（zhài）遵的人。此人少年时便熟读经书，学问高深，且道德高尚，恭俭自持，办事认真。刘秀见他为人正派，讲究原则，就任命他为“军市令”，负责管理军队的纪律。

有一次，光武帝的几个亲密随从违犯了军纪，不少人怀着不同的心态，看祭遵如何处理。祭遵查明事实，按军纪条例将这些人斩首。

光武帝得知消息，见祭遵不经请示就处死自己的亲信，认为有损自己的威严，想将他撤职查办。这时，有位名叫陈副的主薄劝谏道：“陛下，臣要向你祝贺才是啊。有祭遵这样刚直不阿、不徇私情的人掌管军纪，那军队就能令行禁止，没人再敢犯法了，那岂不是皇上福份？”

光武帝沉思一番，问：“依你之见，此事该如何处理？”

陈副道：“军中大小将领，正看皇上如何处理，皇上圣明，还要小臣多言吗？”汉武帝听罢，朗声大笑：“哈，祭爱卿杀了一两个该杀的小人，却让我发现了两位贤人！”

光武帝下令提升祭遵为“刺奸将军”，权力比过去更大了。

《后汉书•祭遵传》在评价祭遵生平事迹时说：“祭遵为人廉约小心，克己奉公。”

这话的意思是：祭遵这人谨慎廉洁，克己奉公！后人将“克己奉公”作成语流传下来。这里的“克”字作动词用，“克己”就是尽力克制自己的私心，严格要求自己；“奉公”就是奉行公事，不徇私情。这两个词相结合，相辅相成，只有“克己”，才能“奉公”；要“奉公”，就必须“克己”。

kè

刻

小篆

刻

隶书

刻

楷书

用刀不断触物——刻

“刻”字是个左右结构的形声字兼会意字，右边的“立刀旁”是形符，表示跟刀斧之类的用物有关；左边的“亥”字读“hài”，作声符并会意。立刀旁和“亥”字组合在一起，指用刀不断地接触某种物体。因是用刀在接触物体，所以古人用立刀旁作“刻”字的形符。

古人为什么用“亥”字作“刻”字的声符呢？这就要看如何用刀接触物体了。

古人要表达的是用刀在器物上不停地挖或雕凿着。雕凿什么呢？也许在雕凿石刻，也许在凿洞。这种雕凿要用刀反复接触，才能完成。

古代的“亥”字指“豕”，也就是指“猪”。猪有用嘴拱地的习惯，而且不停地拱，而“刻”有不断接触物的意思，所以古人用“亥”字作“刻”字的声符。

楷书的字形由小篆直接变来，写作“刻”。

“刻”字的本义指用“刀子挖、雕凿”，如雕刻、刻板、刻画、木刻、石刻、竹刻、砖刻、篆刻、刻图章、刻舟求剑。

“刻”字引申指“形容程度很深”，如刻骨铭心、深刻、刻苦、刻意、铭刻。

“刻”字假借指“苛求，冷酷无情”，如尖刻、刻毒、刻薄、苛刻；又假借“时间”，如此刻、立刻、即刻、片刻、顷刻、时时刻刻、刻不容缓、顷刻之间。也作计时单位，十五分钟为一刻钟，如五时三刻。

一“刻”值千金

“刻”字是个动词，表示用刀子在竹子、木料、玉石、金属等物品上雕成花纹或文字，所以人们把这称之为“雕刻”。

“刻”字也作量词用，用钟表计时时，十五分钟为一刻。“刻”也表示时间，如立刻、一刻儿。“一刻千金”指极短的时间就值千金，可见时间之宝贵。不过，这里讲的“一刻千金”中的“刻”，可不是指时间，而是作动词用，指的是用刀刻字。

这里讲个跟刻字相关的故事。

黄老是上海一家出版社的老编辑，今年八十大寿，同仁们张罗着，要为他祝寿，还要送份寿礼。黄老原是中华书局一名刻字工，因为字写得好，又爱写诗，后来就调到出版社当了编辑，专门编辑《儿童诗》，几十年来，他为出版社作出了突出的贡献。

黄老为人宽厚，跟社里的老少爷儿们相处融洽，所以为他的生日，众人献计献策，说一定要给他送份厚礼。大家都知道，黄老爱好书法绘画，最好送幅名人字画，但考虑时下名人字画按平方尺计算，没万元把块钱是拿不下来的。若是一般书画，黄老也看不上。后来有人想到美术编辑小刘的老泰山是当今书画大家，让他去讨一幅字画倒是可行的。对此建议，小刘一口答应，他还自告奋勇说：“我对黄老爷子形象烂熟于心，我先画幅漫画，让我家老爷子题个对联，如何？”众人拍手称好，还当场通过，免了小刘的份子钱，到时可带着全家来吃寿面。

三天后，一幅裱装大气、书画俱全的厚礼送到了办公室，只见上面画着黄老在低头弯腰地认真刻字，字遒劲有力分列两旁：

六书传四海
一刻值千金

“六书”二字，指的是汉字六种造方法；“一刻”指的是黄老从事过刻字工作，他所刻的字价值千金。这一“刻”字，充分表达了对黄老所从事的事业的肯定和赞美。

kè

客

甲骨文

金 文

小 篆

客
隶 书

客
楷 书

站门口迎客人来

甲骨文的“客”字是个会意字。外面像一座房子，房子里有“口”字、“人”字和“止”字。这三个字形表示主人站在门口，迎接客人走进来。“止”字表示脚。走进屋要用脚走，所以“客”字用宝盖头表示房子，用“止”字来表示脚。

金文的字形由甲骨文演变而来，写作“客”，这是个上下结构的形声字兼会意字，上面的宝盖头是形符，表示跟房屋有关；下面的“各”字作声符，读“gè”；这两个字形组合在一起，表示有客人来到门口。

古人为什么用“各”字作“客”字的声符呢？因为“各”字在甲骨文中是个会意字，由“夊”和“口”组成。“夊”字是倒“止”，即迎面来的脚趾，表示迎面来到穴居的洞口，这跟客人来到门口相吻合。所以“客”字用“各”字作声符并会意。

“客”字的本义指“客人”，与主人相对，如客厅、客堂、拜客、待客、会客、来客、陪客、请客、作客等。由本义引申指“寄居或迁居外地的人”，如客居、客籍、客商、客死、乘客、房客、过客、旅客、顾客、游客等。又引申指“为一定目的而从事某种活动的人”，如客串、刺客、食客、说客、侠客、香客、政客等。

“客”字假借指“在外的非本体的”，如客观、客体。还引申指“与旅客有关的”，如客船、客店、客房、客机、客运、客栈等。

“客”字也作量词用，如一客饭。

“客”字也作姓氏用。

客家人说"客家人"

无锡梁溪谜语研究会的小陶，在研究会属小字辈，头衔是秘书长。广州有些制谜高手，与梁溪谜语研究会常有来往。这次小陶去广州出差，会长马汉文托他去拜访谜友唐先生。

小陶到广州，刚在宾馆住下，唐先生便赶来了。小陶正巧洗完澡在梳头刮脸，浴缸里热气冒出来，屋子里雾气腾腾。大家都是老朋友，熟不拘礼，一见面就开起了玩笑。老唐说："哎呀呀，这就是宫中不见雾中见啊！"小陶一听，随即明白了，唐先生说的是字谜"客"字。他略一思索，回应道："宅前留后路呀。""宅前"指宝盖头，"后路"指"路"字后面的"各"字，两形合一便是"客"字。这就叫以谜揭谜底。老唐竖竖大拇指："好厉害啊！"

两人坐下，没谈几句，就切入话题。小陶虔诚地问："老前辈，您刚说的'客'字，宝盖头下那'各'字究竟起什么作用？"

老唐说："这'各'字在古文字中，既有'来'的意思，又有'止'的意思。正因如此，它与宝盖头组合成'客'字，指从外地来到房子里，并且暂时住下来的人。就像你陶先生，从无锡来到这个旅馆暂时居住，所以你是旅客、房客。"

小陶略有所悟，又问道："我听马会长说，您祖先是唐山人，属客家人。'客'既然指暂时居住，但您已住这儿好几代了，还称'客家人'？"

唐先生笑道："客家人是汉民族一大支系，简称'客人'，说的是客家话。为什么称'客家人'？客家人原住黄河流域的中原一带，是炎黄后裔，远祖大都是书香门第，仕宦之家。西晋末年的'永嘉'五年，匈奴军攻占洛阳，把皇帝俘虏了，贵族和官吏纷纷南逃，史称'永嘉之乱'，也称'五胡闹华'。大批南逃的人寄居在江淮一带，他们被称之为'客民'。南宋末年，元兵南侵，大批客民又随文天祥进入广东北部，并在梅州集居，时间久了，这批人反客为主。为了区别于当地的土著民，这些人自称为'客籍人'或'客家人'。经过历代迁徙，客家人散居在全国二十多个省市自治区及世界五大洲，人口总数有一亿多呢……"

kè

课

金文

小篆

隶书

楷书

按照标准考试——课

“课”字是个形声兼会意字，左边的言字旁是形符，表示这个字与讲话发言有关；右边的“果”是声得。“课”的本义是“按照一定的标准进行试验、考核，以检验成果”。

因为要按一定的标准去考核、检验，在这个过程中必须要用语言进行交流，所以用“言”字旁。“果”指的是植物所结的可供食用的子实，也就是果实。而检验考核的目的是选拔优秀可用的人才，所以“课”字以“果”作声符并会意。

因为是按一定标准去考核的，所以引申为“国家根据数额征收赋税”，如国课、课税。

按照规定的内容和分量教授和学习称之为“课”，例如上课、讲课。

按照规定的教学内容、教学时间所设置的教学科目，也称之为“课”，如语文课、历史课。

“课”也用来表示教学单位，如一节课。也表示教授段落，如这本教材共有十五课。

旧时某些机关、学校、工厂等按工作性质分设的行政单位，如秘书课、会计课。

古人占卜的一种，如起课、卜课。

元·赵子昂《三希堂法帖》

老教授讲课妙解“课”字

太阳报业集团为了提高数百名年轻记者和编辑的业务水平，特地请杨教授为他们讲课。

杨教授已七十多岁了，他一开口，就笑声不断。他看看台下坐着的年轻人，感慨地说：“我是个退休老人，我退出讲台，在家休息已十多年了，今天让我给诸位讲课，该讲什么呢？我就从讲课的课字讲起吧。”

说到这儿，老教授在演示板上写了大大的“课”字，接着说：“这课字，你可看作是形声字，你也不妨当它是会意字。言果结合，就是言而有果么。就像我今天来讲课，如若东扯西拉，不知所云，大家一无所获，毫无结果，岂不是误人子弟？”

听到这儿，大家会心地笑了。

老教授又在演示板上写了个“果”字，说：“‘课’字的关键在这‘果’字。古代的‘果’字是个象形字，树上长着三个圆圆的果子，不外乎苹果、鸭梨、桃子之类，后来这三个小圆圈变成了‘田’字，象形字就不明显啦。不过，我想这‘田’下之‘木’也有道理呀。田里地底下长的有山芋、土豆、芋头、萝卜、花生之类。这些果实是大众化食品，虽说有点儿过时，有点儿土气，但营养丰富，人体必不可少，今天我这个课，你可能尝不到多少时鲜果品，但我能保证你有山芋土豆花生吃，吃得饱饱的，不会饿肚子……”

听到这儿，大厅里掌声一片，老教授摆摆手，开始讲课。

kěn

肯

金文

小篆

肯

隶书

肯

楷书

附在骨头上的肉——肯

金文的“肯”字，是个会意字，由“骨”字的省笔和“月”字相组合。“骨”字在甲骨文中是骨的象形字，其字形像牛肩胛骨。“月”字在这儿表示“肉”，“月”是“肉”的简省写法，作为偏旁用时，人们称之为“月肉旁”。原先“月肉旁”的“月”字，不同于象形字“月亮”的“月”。“月亮”的“月”左边是一撇，而“月肉旁”的“月”字左边则是一竖画，两者有这细微的差别，后来“月”与“肉”通用。再说这“肉”“骨”组合的“肯”字，表示与“骨”与“肉”有关。本义是指“附在骨头上的肉”。

小篆的“骨”字由金文转化而来。外面写成一个没有一点的“冂”字，里面是肉字的省笔“月”字。楷书变为“肯”字。上面的“止”字与字义无关，其本义仍然是“附在骨头上的肉”。

附在骨头上的残存肉渣，要吃到它，就必须用手或刀具，恰到好处地把它剔下来，这就是“中肯”，中肯也就是正中要害，这是件很好的事，好事往往受到人们的赞许，得到认可，所以“肯”转义为赞同、许可，表示同意。这就是人们常说的“肯不肯？肯！”如首肯、宁肯。

“肯”作为助动词用时，表示主观上乐意，或表示接受对方的要求，如“他肯虚心接受批评”，“我请了他几次，他说什么也不肯来”。

正月差一日——肯

南宋年间，绍兴城里有个大户人家，人称郑员外。郑员外只有一个女儿，芳名小娥。郑小娥知书识礼，颇有才学，因兵荒马乱，所以至今仍待字闺阁，尚未出嫁。

眼看女儿已不小了，仍找不到如意郎君，郑员外夫妇心急如焚，便托媒婆四处打听，寻找女婿。

这年年底的一天，媒人引来一位书生，郑员外看了满意，但不知女儿意下如何，便让女儿躲在屏风后面，暗中相看。待送走书生，老两口忙问女儿是不是中意，肯不肯答应这门亲事。

郑小娥不好意思回答，她回到楼上，写了首诗，让丫环送给双亲。这首诗是这样写的：

雀屏选佳婿，爷娘问女意；
元旦欲观灯，怎奈才除夕；
正月少一日，以此告双亲。

读罢女儿的诗，郑员外乐得哈哈大笑，说："闺女同意这门亲事啦！"

小娥母亲不解其意，问："小娥是怎么说的？"

郑员外对着女儿写的诗，一字一句解释道："头一句，小娥写的是屏风后面察看书生的经过；第二句是说你我问她肯不肯答应这门亲；第三、第四句，说的是这两天是元旦和除夕；最紧要的是第五、第六句，元旦是新年的正月初一，除夕是头一年的年三十，除夕和正月初一，只差一日。这就是说'正月'相叠而少'一'，这不是个'肯'字么？她肯答应这门亲事啦！"

老太太听了，不由得也哈哈笑了。

一心一意很诚恳

kěn

恳

“恳”字是个上下结构的形声兼会意字，下面的“心”是形符，表示这个字与心理活动有关；上面的“艮”读“gěn”，也有人认为应该读“kěn”，这是声符，也兼表意，后简化为“恳”。

被简化掉的部分为“懇”的上半部分的左侧字形，即“豸”，也就是“豕”，读“shǐ”，也就是“猪”的书面语。

用“猪”作声符，表示像猪吃食的样子。猪吃食是一心一意地吃的，而“恳”就是一心一意、真实不假的意思。所以“恳”的本义就是“真诚”，如诚恳、恳切、恳谈、恳托、恳挚。

由本义“诚恳”，又引申为“请求”，如恳求、恳望、恳请、敬恳、哀恳、转恳等。

“恳”字与“垦”读音相同，字形相似，容易相混。

“恳”与思想、心理有关，所以用“心”作形符。而“垦”是开垦荒地，与挖土翻土有关，所以用“土”作形符。

金文

小篆

隶书

楷书

唐·怀素《自叙帖》

唐·褚遂良

良心少了一点——恳

无锡三里桥有家粮油店，兼营烟酒茶醋日杂食品。这家店铺地处闹市口，生意红火。老板姓陈，高中毕业，常以文化人自居，他在店堂里挂了些名人字画，以抬高自己的身价。

这陈老板自以为生意好，不愁没人上门，便不安分起来，对顾客克扣斤两，以次充好……成了个不折不扣的奸商。

陈老板昧着良心赚了不少钱，又故作风雅，广求名人字画。无锡有位名叫刘平的书法家，曾为不少店铺写过招牌。陈老板要以重金请刘平题写条幅，哪知刘平很爽快，说："分文不取，送你一个字。"说罢，挥笔写了个遒劲有力的"恳"字。

陈老板以为书法家称赞他做生意诚恳，连忙把字装裱好，挂在店堂最显眼的地方。

不少人看了这"恳"字，都怪刘平说假话，为陈老板脸上贴金，但他又不曾要陈老板一分钱，却是为何？

书法家私下对朋友说："我送他一个'恳'字，意在说他良心少了一点。"

是啊，细细分析一下，这简写的"恳"字，不正是"良心"二字的"良"字上少了一点吗？

kōng

空

金文

小篆

空
隶书

空
楷书

洞穴中空无一物

古代的“空”字，是个上下结构的形声字兼会意字，上面的“穴”字是形符，表示跟窟（kū）窿、洞穴有关；下面的“工”字为声符，读“gōng”；这两个字结合在一起，指“在洞穴中什么也没有”。

古代的“穴”字是个象形字，读“xué”，像古人居住的地窖一样。上古时代，先民们住山洞、窑洞、地窖，称作“穴居”，所以“空”字用“穴”字为形符。

古人为什么用“工”字作“空”字的声符呢？

因为“工”表示善于挖掘者。洞穴是要靠人力挖掘整理的，所以“空”字以“工”字作声符并会意。

隶变后的楷书写作“空”。

“空”字的本义指“洞穴中什么也没有”，如空门、空身、空手、空肠、空腹、空乏、空档、空话、空旷、空心、空虚、空竹、空廓、空荡荡、空架子、空穴来风、空前绝后等。

“空”字由本义指“不切实际的幻想”，如空幻、空灵、空炮、空谈、空头、架空、真空等。

“空”字由上义引申指“天空”，如防空、空间、空降、低空、高空、航空、领空、晴空、上空、太空、星空、悬空等。

“空”字是个多音字，读作“kòng”时，由本义引申指“腾出来、使其空”，如空两行、空出来。由此引申指“闲着，没占用的时间或没占用的地方”，如空地、空额、空缺、空白、空闲、空暇、空隙、空子、抽空、得空、偷空等；也用来指“缺少东西”，如亏空。

“空”字也表示多余，如我没空钱，买不起。

槛外长江“空”自流

王勃是唐朝初年著名的文学家和诗人。唐高宗元年王勃途经洪州，便到赣江边的滕王阁游览。王勃信步走去，不料被守门人拦住。王勃请守门人去通报，说京城王勃幸逢盛会，能否登阁与会？

阎刺使久闻王勃诗名，便派人将王勃请上阁去。在座文人见一陌生年轻人，也没在意。

宴席开始，宾客推杯换盏，热闹非凡。王勃悄悄离席，到阁外栏杆旁观赏美景，王勃看罢，回到桌席，只听主人阎伯屿说：“滕王阁刚翻修一新，不知哪位高才，愿为滕王阁作序写诗？”说罢，令人取来纸笔，逐桌传递。但在座文人纷纷推辞。传到王勃桌上，他正想接过纸笔，身旁一客人悄悄说：“今日盛会，是刺使特意安排的，他女婿吴子章早已写好诗文，就等他挥笔写就，便可在洪州扬名。你莫误了刺使好事！”

王勃生性讨厌这欺世盗名的恶劣作风。他毅然接过笔，旁若无人，挥笔写下了传世之作《滕王阁序》。众人见状，惊叹不已。这时，刺使女婿吴子章大声说：“诸位，王公子所写《滕王阁序》是我的旧作，被他剽窃，不信，我可当场全文背下来。”说罢，果然背出，一字不漏。

王勃笑道：“吴公子过目不忘，令人敬佩。你说这序是你的旧作，但序后尚有七言诗，你能否背下？”阎伯屿见状，忙出来打圆场，说这是小婿开个玩笑而已，请王勃续写《滕王阁序》。

王勃在序后补诗，最后两句是：

阁中帝子今何在？槛外长江　自流。

王勃有意空下一字不写，以酒喝多了，身体不适为由，搁下笔，返回住处休息去了。

众人诵读诗文，不知空留的是什么字。有人说是“水”字，有人说是“独”字，但都觉不妥。

第二天，阎刺使亲自前来向王勃请教。王勃道：“区区小事，何劳大人亲自来问？”阎刺使苦笑道：“诗末还有个空（kòng）字呀！”

王勃笑道：“对呀，那就是个‘空’（kòng）字呀！”

kǒng

孔

婴儿吮吸奶头——孔

对古代的“孔”字字形，有不同的解读。这跟当时字形不统一、各个历史时期笔画有差异有关，但大致思路还是相通的。

有人认为，金文的“孔”字是个象形字，与“乳”字同源。金文的“孔”字像婴儿吮吸奶头的形状。应是甲骨文一人抱子哺乳形状的省略。小篆的字形变为从“子”从“乙”。隶变后的楷书写作“孔”。

“孔”字的本义是“孩子吃奶”。婴儿能吮吸到奶，说明奶头上有“孔”，所以“孔”字就引申指“小洞穴”。

也有人认为，金文的“孔”字是个指事字。这个字从“子”从一曲线。“子”为婴儿。头顶上的曲线指此处有小孔。这小孔指婴儿头顶骨未合缝处，即这儿的囟门未闭，有空穴，即有小孔。

小篆的字形由金文演变而来。楷书的字形由小篆演变而来，写作“孔”。这种说法，认为“孔”字的本义指“婴儿头顶上的囟门”。

乳头小孔之说与婴儿脑囟门之说，两相比较，乳头小孔之说似乎更准确些。囟门在头顶是一块地方，面积较大，难以与后来的“孔穴”相联系。

“孔”字由原先的本义，引申指“小洞、窟窿”，如孔洞、孔穴、鼻孔、孔道、耳孔、汗孔、毛孔、气孔、针孔、桥孔、钻孔、一孔之见、无孔不入、千疮百孔。

“孔”字作量词用，多指窑洞，如两孔土窑。

“孔”字也作姓氏用。

金文

小篆

隶书

楷书

孔子应在孟子上

清朝康熙年间，地处西南贵州的贵阳出了一位著名学者、诗人，名叫周起渭。他幼年时就学习写诗，三十一岁考中进士，被任命为翰林院编修，参与主持编写《康熙字典》，同时掌管朝廷谏议等事。在当时，他也算得上是个高级官员了。

1695年，周起渭回故乡贵阳探亲，家乡父老为他摆酒接风，还特地将他的启蒙恩师梅老先生请来作陪。在酒席上，他一时顾不上恩师梅先生。梅先生有点儿失落，他提议道："诸位，今日翰林大人回乡我等万分高兴。今日盛会，也望他当场作副对联，留下墨宝，让家乡勒碑珍藏，传之子孙。"众人齐声附和，周起渭也不推辞，起身道："学生听命，请恩师出上联。"

梅老先生其实也成竹在胸，他朗声吟道：

眉先生，胡后生，后生总比先生长；

梅先生这上联借"梅"与"眉"谐音，一则暗指自己，重在指眉毛先长，胡子后长，但胡子总比眉毛长。有后来居上，学生超过先生的意思。应该说，这句话很客观，也够大气。

周起渭向恩师躬身施礼，答道：

孟夫子，孔夫子，孔子应在孟子上。

这下连解孟子与孔子的关系，强调孔子应在孟子上，也表白了先生在学生之上的意思。

鼻孔子，眼珠子，珠子高于孔子；
眉先生，胡后生，后生长过先生。

据说这副对联上联为梅先生所作，以"珠子"指朱熹，说他高于孔子，借此发泄心中不满；下联是周起渭所作，以"眉"指梅先生，强调胡子长于眉毛，借此强调学生胜过先生——话虽不错，但如此一来，师生恶斗，故事就不美了。

kǒng
恐

甲骨文

金 文

小 篆

恐
隶 书

恐
楷 书

心里非常害怕——恐

古代的“恐”字，是个上下结构的形声字兼会意字，下面的“心”字是形符，表示跟人的心理活动有关；上面的“巩”字是声符，读“gǒng”；这两个字形组合在一起，指人的心里非常害怕。害怕、惊慌是一种心理反应，所以“恐”字以“心”字作形符。

古人为什么用“巩”字作“恐”字的声符呢？这就不得不谈一谈“巩”字了。

最早的“巩”字，表示人双手握着杵在筑墙的意思。“杵”读“chǔ”，是用来舂米或捶衣的工具。古人断木为杵，掘地为臼，泛指捣物的棒槌之类的工具，即使今日，有些地方舂米或筑土墙仍在用这种工具。后来这“巩”引申指“结实”。因人心郁结不开，犹如筑实一样，所以又引申指“心绪郁结”，由此又引申指“惧怕”。后来在“巩”字下面加了个“革”字，表示用牛皮捆扎牢固，写作“鞏”，专门表示鞏固之义，今简化为“巩”。而原有的害怕之义，下面加了个“心”写成“恐”。如此推论，“巩”字是最原始的“恐”字，所以古人用“巩”字作“恐”字的声符并会意。

“恐”字的本义指“畏惧、害怕”，如恐慌、恐惧、恐怖、惶恐、惊恐、有恃无恐、诚惶诚恐。由本义引申指“威胁”，使其害怕，如以要挟手段或话语吓唬人称“恐吓”。又引申指“担心”，表示猜疑、估计，如恐怕、深恐、惶恐、生恐、惊恐、争先恐后。

恐怖的滋味

无锡梁溪谜语研究会的朋友今日聚会，小陶刚坐下，就谈到恐怖的“恐”字。他说这字发音洪亮，嗡嗡作响，而且字形优美，由“工、凡、心”三字组成，能制作成不少华美的谜面，但这字的本义却凶狠可怕。

众人叫小陶举例说明。小陶一连说了七八个字谜，谜底都是“恐”字。“意志坚定”，上为“巩”，下为“心”，信心巩固，就是意志坚定啊；“平凡工作也安心”，里面有“凡”字、“工”字、“心”字，不就是“恐”吗？“凡心难解红丝断”，里面有“凡”字、有“心”字，红丝断为“工”字，加起来不就是“恐”吗？“乞巧节后起凡心”，去掉“巧”字后面剩下“工”字，再加上“凡心”二字，不就是“恐”吗？“人间天上结凡心”，指天上面是“工”字，加上“凡心”，不也是“恐”字吗？“半江帆影波底月”，半江是“工”字，帆影是“凡”字，波底月是“心”字，也是“恐”字啊……

马汉文打断小陶的话说：“你制作谜面，可以天上人间，风花雪月。你尝到过恐怖的滋味吗？”

小陶想了想说：“记得小学毕业那年，我的同桌生病住院，第二天就死了，他得的是脑膜炎。当天开来不少警车救护车，将学校团团围住，不让任何人出入。一大群身穿防护服的人，在校园喷洒消毒药水，同学们统一坐在教室里，他们偏偏把我一个人用车子送到传染病医院，单独关在一间病房里，怀疑我已被传染上脑膜炎。我的天啊，我吓得差点昏过去，我尝到了恐怖的滋味……”

赵振南比小陶长一辈。他说：“我上初中时，正是我们国家经济困难时期。这一时期，浮夸风刮得很厉害，报纸上广播里天天宣传粮食亩产多少万斤。一天，班主任读报时，说一亩地产稻十三万斤。我举手发言，说：‘这不可能，这是吹牛！’班主任大怒，要我滚出教室，站到办公室去。我吓得两腿发软，站到了办公室里。下课时，班主任气狠狠地来了，将报纸砸到我面前，怒吼道：‘你还是个初中生，若是高中生，我就打你个小右派！’我一听‘小右派’三个字，吓得脸色煞白，小腿肚直抖，嘴唇也抖……我第一次尝到了恐怖的滋味。”

kòng

控

小篆

控

隶书

控

楷书

用手操纵掌握——控

“控”字是个左右结构的形声字兼会意字，左边的“提手旁”作形符。表示跟手的动作有关；右边的“空”字读“kòng”，作声符并会意“空”字与“手”组合，表示用手操纵和掌握。

因是用手操纵掌握，所以古人用提手旁作“控”字的形符。

古人为什么用“空”字作“控”字的声符呢？

“空”字有空空如也，什么也没有的意思，表示穷尽了。而“控”是必须不遗余力，用尽自己所有的力量，才能达到操纵和掌握的目的。所以古人用“空”字作“控”字的声符并会意。

楷书的字形由小篆演变而来，写作“控”。

“控”字的本义指“操纵、掌握”，如牢牢掌握，使其不越出一定范围称“控制”，也称“掌控”；利用现代通信手段，对被控对象进行远距离控制称“遥控”；对事物不直接出面指挥而在远处进行操纵，控制社会集团购买称“控购”；失去控制力称“失控”。

“控”字由本义引申指“告发、揭发”，如向国家机关、司法机关告发称“控告”。向国家机关或公众诉说受害经过，请求对加害者作出法律或舆论的制裁称“控诉”。指责和控诉称“指控”。

“控”字还引申指“使口朝下”，让液体流出来，如把壶里水控干。

喜笑怒骂测“控”字

民国年间，南京夫子庙文德桥头的测字大师胡铁嘴，是个平易近人老少都合得来的人。这天下午，润德里吴家小五子跟二呆子几个人见胡大爷在油布伞下打瞌睡，便学狗叫鸡叫地将他闹醒。胡大爷被闹醒，也不气恼，问“又来测字？”

小五子斜眼道：“胡大爷您说什么呢，我们总共只测过一个字，还被你骂得狗血喷头。”“测什么字来着？”胡大爷已记不清了。

“我也忘了。”小五子自说自话，从字袋里摸出个“控”字说：“大爷，今儿就为我们测这个‘控’字吧。”

胡大爷起身写了个“控”字，看了看，没好气地说：“不是我又骂你们。你们看这‘控’字，左边提手旁，一副游手好闲吊儿郎当相；右边的‘空’字，上面歪戴顶帽子，做工不像做工，读书不像读书，三五成群，东游西荡，惹事生非。”

胡铁嘴振振有词：“这‘控’字不明摆着吗？左边手，右边‘空’，手中空空能干什么？你们胸无点墨，一无所长，只能空手套白狼，靠嘴皮子骗吃骗喝。你们现在就这样，到成年了还是这样，那就只能寄人篱下，以乞讨为生了。往坏处说，你们只能当打手，当小偷，当强盗……”

几个人听了，都捂着耳朵尖叫道：“胡大爷，别把我们看扁了，您也拣几句好话说说吧，我们付钱哩。”说罢，几个人各自掏出口袋里的铜板放桌上，胡大爷一声怒喝，又吓得收回口袋。

胡大爷看着这几个在自己眼皮子底下长大的孩子，有点恨铁不成钢地说：“父母为了养活你们，成天在外劳作，你们要自我成材啊。就拿这‘控’字来说吧，左边的提手旁，占了半壁江山，大有一手擎天的气势。男子汉大丈夫，就要能一手撑起一个家，报答父母养育之恩。再说右边那‘空’字，就像一个人，你说它头顶歪帽一副邪相，这也在理。但你再看，这‘空’字何尝不是昂头看天外，两肩担道义的一副威武相？这‘空’字里‘工’字和‘八’字，又何尝不暗含八面玲珑、八面威风、心灵手巧、巧夺天工的意味？同一个字，有不同的说法，孩子啊，事在人为，路在脚下，各人的前程，全在于各人自己努力啊……”

进食说话的口

kǒu

口

甲骨文

金文

小篆

口

隶书

口

楷书

“口”字像人张开的嘴巴，一望而知是个象形字。

现在的“口”字是个方框框。最早甲骨文的“口”字有上下嘴唇，有口角，看起来更像人的嘴巴。“口”的本义是指“人吃饭和说话的器官”。

古代的“口”字专指人的嘴巴，在古人看来，只有人的嘴巴才具备进食和说话的功能，而其他动物不会说话，所以用于其他动物的“口”是用于人的“口”字的引申义。但根据现代科学研究证明，动物的口所发出的声音，也有传达信息的功能，从广义上讲，这也是“说话”。

由于“口”是人体的重要组成部分，许多词都跟进食、说话有关，如口味、口角、口腔，还有口才、口气、口音等；由此又引申为人或人口的意思，如户口、家口；还用来指容器通向外面的地方，如瓶口儿；由此又延伸用于出入通过的地方，如出口、入口、关口、门口等。

唐 怀素《自叙帖》

隋·智永《真草千字文》

元·赵子昂《天冠山诗帖》

七个才子同说一个字——口

明朝嘉靖年间，京城有七个才子，他们是李攀龙、王世贞、谢榛、宗臣、梁有誉、徐中行、吴国伦。这七个人常聚在一起结社赋诗，饮酒喝茶，谈古论今，人们称他们为“后七子”。

一天，他们在同庆楼聚会，边吃边聊。李攀龙见每个人嘴一张一合的，便说：“各位，为给大家助兴，我出一个字谜，看谁猜得出。”

众人说：“出题吧。”

李攀龙说：“唐虞有，尧舜无；商周有，汤武无；古文有，今文无。”

王世贞听了，马上接口：“我出一个谜来回答你。善者有，恶者无；智者有，愚者无；嘴上有，手上无。”

谢榛听了，嘻嘻一笑，说：“听我的。听者有，看者无；跳者有，走者无；高者有，矮者无。”

宗臣笑着说：“轮到我啦。右边有，左边无；后面有，前面无；凉时有，热时无；哭者有，笑者无。”

梁有誉急忙跟着说：“四位仁兄说了四个谜，我出一个谜来回答。哑巴有，聋子无；跛子有，麻子无；和尚有，道士无。”

剩下徐中行和吴国伦二人，还想以字谜来回答，王世贞不耐烦地说：“出了这么多哑谜，你们二位就直说了吧——什么字？”

徐中行抿紧双唇，摇摇头，什么话也没说。

吴国伦解释道：“他这叫哑口无言，各位说的都是个“口”字吧？”

众人哈哈一笑，点头称是。

kòu
蔻

长绿草本植物——蔻

古代的“蔻”字是个上下结构的形声字，上面的草字头作形符，表示跟草本植物有关；下面的“寇”字读“kòu”，作声符。“寇”字与草字头组合，指草本植物“豆蔻”。隶变后的楷书写作“蔻”。“蔻”字的本义指“豆蔻”。

豆蔻是一种多年生常绿草本植物，外形像芭蕉，花淡黄色，果实扁圆形，种子味酸有香味，可入药。常见的词有“蔻丹”，这是染指甲用的油。还有蔻仁、蔻酸、豆蔻。因豆蔻香美，所以用来比喻十三四岁的少女，成语“豆蔻年华”就是代指少的青春年华。

“蔻蔻”也译作“可可”，指一种用可可树种子的粉末制成的饮料。

蔻
小篆

蔻
隶书

蔻
楷书

“豆蔻年华”指少女

“蔻”字在词典中几乎没作什么解释，只有跟在“豆”字后面组成“豆蔻”一词，才解释得较为详细。“豆蔻”作名词用，指一种多年生草本植物，其外形象芭蕉，叶子细长，花儿呈淡黄色，果实为扁球形，种子像榴子，有香气，花与果实及种子均可入药。

“豆蔻”二字扩展成语“豆蔻年华”，这才使人们常常用到它。这一成语后来成了一种称呼。它的出处来自唐代大诗人杜牧写的《赠别》一诗：“娉娉嫋（niǎo）嫋十三余，豆蔻梢头二月初。”“嫋嫋”二字即现在的“袅袅”。后来，“豆蔻年华”就用来指十三四岁的少女。

古人对不同年龄段的男女各有不同的称呼，这些称呼大都属书面语，古色古乡，别具一格。幼儿称“总角”“垂髫（tiáo）”，父母将幼儿的头发扎成左右两个髻，称之为“总角”。如“总角之交”，指幼年就相识的好朋友，如同念幼儿园的同学；垂髫也是指将幼儿头发扎起来垂着，指“幼年”。

“束发”指青少年。这时已告别童年，成为少年了，家长就将孩子头发扎成一个髻，故称束发之年。

男子到了二十岁称为“弱冠”。到了这个年龄，家长便要在宗庙中为他举行加冠的礼节，戴上表示已是成人的帽子。但此时他们的身体尚未强壮，还较年少，故称“弱冠”。

男子到了三十岁，称“而立之年”，此时已是男子汉了，应成家立业了。到了四十岁称“不惑之年”，这时人已成熟，做事很有主见，不再疑惑不定了。男女到了五十岁被称为“知天命之年”。六十岁被称为“花甲之年”。人到七十岁便称“古稀之年”。人到八十至九十岁称“耄耋（màodié）之年”。一百岁称“期颐之年”，指百岁高龄的老人需要颐养，即好好保养，故称“颐养天年”。

在这些表示人一生年龄段的名称中，容易搞错的便是“豆蔻年华”。一是容易把“蔻”字读成“冠”字，二是容易把这句成语看作是形容女姓容貌美丽而张冠李戴。这四个字有形容貌美的成份，但重在少女，指的是十三四岁的小姑娘，再美的青年女郎或美貌少妇都不在此列，否则便是装嫩了。

kū

桔

金文

小篆

桔

隶书

桔

楷书

草木失水发黄桔干

“桔”字是个左右结构的形声字兼会意字，左边的“木”字作形符，表示跟树木有关；右边的“古”字读“gǔ”，作声符并会意。“古”字与“木”字相组合，指花草树木因失去水分，变得干萎发黄，没有生机。因是树木发黄干萎，所以“桔”字用“木”字旁作形符。古人为什么用“古”字作“桔”字的声符呢？

“古”字是个会意字，由“十”与“口”相组合，以“十口相传”，表示久远年代的事，久远的年代便是古代。“桔”字也有树木久远，是棵老树之义，所以古人用“古”字作“桔”字的声符并会意。

楷书的字形由小篆演变而来，写作“桔”。

“桔”字的本义指“失去水分，草木桔黄”，如草木失水，干桔焦黄称“桔黄”，桔干消瘦称“桔瘦”，干桔萎缩称“桔萎”，干桔腐烂称“桔朽”。草木没有生机，或人的皮肤干燥，及河里没水都称“干桔”。

“桔”字由本义引申指“干竭”，如桔井、桔肠、海桔石烂，又引申指“乏味，毫无兴趣”，如桔寂、桔涩（sè）、桔竭（jié）、桔燥无味。

古木“枯”不死

对联，也称“楹联”，口语称“对子”。这是一种由字数相同的两句话组成的对仗工整、韵律协调、语义完整的文字形式。它发源于我国古诗的对侧句，是在“桃符”和“叉拘”的基础上发展起来的。完始创于五代时期，盛行于明清，至今已有一千多年历史。

说起作对联的高手，古往今来，数不胜数，也难见高下之分。人们常津津乐道的，是苏东坡、佛印和尚、解缙、纪晓岚，包括朱元璋、乾隆皇帝……民间传说中，常把这些人，当作对联故事中的主角，将他们作为这些对联的作者，如今已很难寻觅到这些绝对儿的原作者究竟是谁了。

据说北宋大文学家苏东坡一生坎坷，命途多舛。他在杭州当知州那两年，虽说诸事顺利，加之有好友佛印和尚陪伴谈古论今，吟诗作对，心情舒畅，但外界时有风言风语，恐怕又有祸事临头，所以心中闷闷不乐。但思来想去，自己平生未做亏心事，怕什么呢？

这天，他与佛印和尚在西湖散步。时值深秋，黄叶纷飞，草木枯萎，令人惆怅。他见路边一棵古树，树干已枯，但枝头仍有绿叶，不由有感而发，吟出一句上联：

古木枯不死

这上联以“古”“木”二字，合成个“枯”字，但枯而不死。这五个字，道出了苏东坡心中那股与命运顽强抗争的决心。

佛印和尚听了上联，心领神会，走出没几步，便对出了下联：

士心志未已

这下联与上联对仗工整，含义深刻。“士”与“心”相合为“志”字。结论是壮士的壮志尚未实现。佛印和尚用这五个字，鼓励好友要充满信心，面对困境，迎接挑战，去实现自己的雄才大略和雄心壮志。

两犬厮咬败者惨叫——哭

kū

哭

甲骨文

金文

小篆

哭

隶书

哭

楷书

甲骨文和金文的“哭”字，与后来小篆的“哭”字，字形区别很大，所以对“哭”字的来历，说法不一。

甲骨文和金文的“哭”字是个象形字，从字形看，像一个人在捶胸顿足，痛不欲生，正嚎啕大哭。“哭”的本义，是指感情激动而流泪的意思。小篆的“哭”字是个会意字。上面两个“口”，下面一个“犬”，与今天的字形一样。

在中国文字中，“犬”字，包括反犬旁，大都与动物野兽有关。但有两个字，虽有“犬”，却与人有关，这便是“笑”和“哭”。

狗与人很亲近，见到主人摇头摆尾，欢欣雀跃。人高兴时笑得前仰后合，就像竹子左右摇摆一样，所以“笑”字从“竹”、从“犬”。

“哭”字与人有什么关系？

有人分析，“哭”，表示两“犬”厮咬，被打败的一只夹着尾巴逃跑，一边逃，一边发出呜呜的惨叫声，这就是哭的本义。而人在遇到十分悲伤的事，由于过分激动而嚎啕大哭时，也会发出呜呜声。因为有这点相似，所以以狗的哀号声来表示人的哭声。

“哭”，由狗的哀号声，转为人因悲哀或激动而流泪发出声音，这就有痛哭、哭号、哭哭啼啼、哭诉、哭腔、放声大哭。如若光流泪而声音很低，这叫“哭泣”。

两“口”加“犬”——哭

晚清年间，浙江温州有个叫陈钟年的人，擅长测字，在当地很有名气。

有个姓吴的江苏人，常年在浙江经商。这天，他突然接到一封信，说他妻子病危，催促他赶快回家。吴某非常忧虑，就去拜访陈钟年，想让他给测断一下吉凶。

这人来到陈钟年家门口时，天已经黑了，陈钟年已关门睡觉了。吴某因为心里焦急，便使劲敲门。陈钟年推开窗户，得知他的来意。这时，正有一条狗在旁边汪汪地狂叫，陈钟年便摆摆手告诉他：“你的妻子已经死了。”

吴某一听，心中大怒，厉声质问道：“我还没有挑字，你怎么就能猜到生死呢？”

陈钟年指指正狂叫的狗说道：“刚才我和你在交谈，这是两口，下面加上这个‘犬’，就成了‘哭’字。你别跟我费口舌了，快回去吧！”

吴某听了不相信，但心中又非常担心，只好匆匆往家赶。

到家一看，妻子果然死了，儿女们正在哭呢。

看来，这个故事完全是为了适应这个“哭”字而编造的。故事情节有点儿生搬硬套，但记住这“两口加犬”也就记住了“哭”字了。这个故事的用意也就在这儿。